Elburg Riz
Vielseitiges Kinderturnen

Elburg Riz

Vielseitiges Kinderturnen

60 praktische Übungseinheiten
für die Grundschule und den Kindergarten

Pohl-Verlag, 3100 Celle

2., verbesserte Auflage

Verfasserin: Sr. Elburg Riz, CH-6440 Ingenbohl

Redaktion: Wolfram Herold, 8122 München

Verlag und Druck: Pohl-Druckerei und Verlagsanstalt, Otto Pohl, 3100 Celle

Zeichnungen: Eugen Rümmelein, 8532 Bad Windsheim

ISBN 3-7911-0159-5

Inhalt

Vorwort zur 2. Auflage

Es ist erfreulich, daß bereits nach 15 Monaten „Vielseitiges Kinderturnen“ die betreffenden Adressaten erreichte.

So kann die 2. Auflage unverändert, jedoch mit einigen verbesserten Zeichnungen, erscheinen.

Wir wünschen den Abnehmern weiterhin viel Freude und innere Befriedigung beim Gestalten ihrer Kinderturnstunden.

Celle 1987 **Elburg Riz**

Einführung

Lehrerinnen und Lehrer, Leiterinnen und Leiter mögen in der vorliegenden Arbeit eine Starthilfe oder Anregungen für den Sportunterricht bei Grundschulkindern (Primar-Unterstufe) holen. Der Stoff kann aber auch im Kindergarten verwendet werden.

Einem großen Bedürfnis Rechnung tragend, haben wir den Grundschulstoff in Stundenbilder gegliedert. Diese zeigen, methodisch angeordnet: Einführung ins Gerätturnen, Tanz und Spielen, gymnastische und leichtathletische Anregungen.

Im Verlauf der Stunden entstehen Übungsverbindungen, werden die Aufgaben halboffen oder offen gestellt. Die Kinder lernen rhythmisch arbeiten und das Verbalisieren von Bewegungsabläufen. Im gezielten Einanderhelfen wird ihr soziales Verhalten verfeinert.

Die meisten Stundenbilder weisen Normalstunden mit zwei Teilen auf: I. = Einleitung und II. = Hauptteil. Sie werden von einzelnen Speziallektionen unterbrochen. Meist sind mögliche Lernziele formuliert.

Die vorliegenden Stundenbilder sind nicht am Schreibtisch entstanden. Der Stoff wurde in vielen Variationen mit unzähligen Kindern der Unterstufe und mit Kindergärtlern erlebt. Hinter dem oft trockenen Text stehen lachende, staunende, ängstliche, jubelnde Kinder, erwartungsvolle Gesichtlein, Kinder voller Spannkraft und Tatendrang, Stunden voller Seligkeit.

Die Kinder kommen in jede Sportstunde mit großen Erwartungen. Wir können ihnen nur mit unserem ganzen Engagement gerecht werden. Lohnt sich der Einsatz für Sportstunden mit Kindern? Der Gedanke J. H. Pestalozzis soll uns für unsere Arbeit Flügel geben: „Wem es gelingt, Menschen mit Körperübungen leuchtende Augen zu schenken, der tut Großes auf dem Gebiet der Erziehung."

Das erste Mal im Turnen

Lernziele

Die Kinder lernen:

1. Sich in der Turnhalle orientieren.

2. Verschiedene Ausgangsstellungen einnehmen, die sie auch benennen können.

3. Geräte holen und sich einordnen.

4. Sich an der Langbank gewandt bewegen.

5. Intensiv und freudvoll arbeiten.

I. Einwärmen

1. Nach der Begrüßung stellen sich die Kinder in der Nähe der Leiterin auf. Leiterin und Kinder hüpfen gemeinsam und leise: auf beiden Beinen, auf einem Bein am Ort. Dabei drehen sie sich um die Längenachse und machen auf Zuruf lustige Sprünge *(Abb. 1)*.

2. Wie 1., aber die Leiterin und ein Kind begleiten das Hüpfen mit Schlaginstrumenten.

3. Die Leiterin zeigt den Kindern, was „Sitz" heißt: Rücken gerade, Füße zusammen, Hände locker auf dem Boden.

4. Die Leiterin erklärt das Wort „Stand": Füße zusammen, Arme locker, Rücken gerade.

5. Rascher Wechsel von „Sitz" und „Stand". Lebhaft arbeiten und fröhlich *(Abb. 2)!*

6. Hocksitz, die Hände umfassen die Knie, das Gesicht ist ganz auf den Knien versteckt: Vor- und Rückschaukeln *(Abb. 3)*.

7. Die Leiterin erklärt das Wort „Bauchlage": Wange auf dem Boden, Arme locker um den Kopf, Fersen auseinander. Wechsel von Sitz und Bauchlage. Wer kann es schnell *(Abb. 4)?*

8. Bauchlage: Den Kopf und die Arme leicht vom Boden wegheben. Dabei den Körper spannen.

9. Hampelmann-Hüpfen. Wer kann es lustig? Wer kann dazu klatschen? Könnt ihr es auch zu zweit *(Abb. 5)?*

10. Sitz: Linken Fuß an die Nase heben, ab, rechten Fuß, ab. Schnelles Tempo *(Abb. 6)*.

11. Seitgalopp. Probiert in der Luft die Füße zusammenzuschlagen *(Abb. 7)*.

12. Wiederholen von Sitz, Stand und Bauchlage.

Die Leiterin macht mit den Kindern einen Spaziergang durch die Geräteräume und zeigt ihnen die Schränke mit dem Material. Sie benennt dieses und jenes und sagt, daß die Kinder später an und mit diesen Materialien turnen dürfen.

Die Leiterin zeigt den Kindern auch, wie man die Langbänke

Abb. 1

Abb. 2

Abb. 3

Abb. 4

Abb. 5

Abb. 6

Abb. 7

aus dem Geräteraum holt, wo sie aufgestellt werden, und wie die Kinder den Platz in einer Reihe (Kolonne) hinter den Bänken einnehmen, so daß keines das andere stört. Es ist günstig, wenn die Reihen (Kolonnen) feste Namen bekommen. Das erleichtert die Organisation in allen Turnstunden.

II. Hauptteil

1. Über die Bänke gehen. Die Kinder lernen den Grundsatz: Auf dem Boden laufen, auf der Bank gehen. Die Kinder laufen nach jeder Bankübung noch um einen entfernten Malstab. Das verhindert das Warten in den Reihen (Kolonnen, *Abb. 8).*

2. Hinkgang: Ein Bein geht auf der Bank, das andere am Boden. Auch im Laufen *(Abb. 9).*

3. Grätschlauf. Welche Reihe (Kolonne) kann schnell laufen? Die Hände können auf der Bank mitlaufen.

4. Auf einem Bein auf der Bank hüpfen. Das hüpfende Kind wird von zwei Helfern gehalten. So lernen die Kinder miteinander arbeiten. Auf dem Rückweg unter der Bank durchkriechen.

5. Auf der Bank einen Stab übersteigen und/oder durch ein Spielband schlüpfen. Wer kann das *(Abb. 10)?*

Abb. 8

Abb. 9

Abb. 10

6. Gehockte Wende. Probiert! Jedes macht die Übung, wie es ihm möglich ist.

7. Jedes bewegt sich frei an der Bank. Die Füße müssen aber in Bewegung sein. Nicht herumstehen. Oben und unten durch, allein oder zu zweit *(Abb. 11).*

Gemeinsam die Bänke wegtragen.

Alle freuen sich auf die folgende Übungsstunde

Lernziele

Die Kinder üben:

1. Leise hüpfen,
2. durch den Raum gehen, hüpfen ohne anzustoßen,
3. entspannen in der Bauchlage,
4. Gewandtheiten und soziales Üben an der Bank.

Dabei erleben die Kinder Helfen und gemeinsames Tun im Sportunterricht.

Es ist besser, wenn die Leiterin die Geräte schon vor der Stunde aus dem Geräteraum holt. Eventuell ist das möglich mit den ersten eintretenden Kindern.

Die Leiterin muß sich von der ersten Stunde an im klaren sein, wie sich die Kinder im Turnhallengebäude benehmen sollen. Nicht vergessen: Hallen- und Hausordnung lesen!

Beispiele:

1. Die Leiterin holt die Kinder in der Garderobe ab und führt sie in die Halle.
2. Die Kinder warten vor der Hallentür, bis die Leiterin öffnet.
3. Die Kinder kommen in die Halle und setzen sich auf eine Linie.
4. Die Kinder kommen in die Halle und können sich frei bewegen.

I.

1. Lebhaftes Hüpfen bei der Leiterin. Wer kann es leise? Wer kann die Zehen so gut strecken wie die Leiterin?

Hopserhüpfen durch die Turnhalle, die durch Malstäbe oder Kinder begrenzt ist. Auf Zuruf sofort stillstehen. Wer kann das? Wer kann hüpfen, ohne ein anderes Kind zu berühren?

2. Wiederholen der Ausgangsstellung Sitz, Stand, Bauchlage.

3. Sitz: „Päcklein“ machen, im Wechsel mit Geradesitzen. Auch schnell *(Abb. 12).*

4. Auf den Boden, vor der Brust, in der Hochhalte locker klatschen. Wo kann man noch klatschen? Jedes Kind klatscht, wo es will. Leise und lebhaft *(Abb. 13).*

5. Galopphüpfen seitwärts mit der Leiterin. Ihr müßt leise fliegen!

6. Bauchlage: Sich langmachen, spannen. Ruhig atmen. Dann ganz locker auf dem Boden liegen: Wange auf den Boden, Arme um den Kopf, Fersen auseinander.

Abb. 11

Abb. 12

Abb. 13

7. Sitz: Mit der Fußspitze die Nase, das Kinn, das Ohr, den Hals berühren. Auch versuchen, mit dem Fuß hinter den Nacken zu kommen *(Abb. 14)*.

8. Sitz: Hin- und Herschaukeln wie ein Schifflein. Auch mit einer Drehung um die Längenachse.

9. Die Hälfte der Kinder ist im Sitz: Die anderen springen ihnen über die gestreckten Beine und um sie herum. Wer kann so leicht und leise laufen wie die Leiterin *(Abb. 15)*?

II.

Die Leiterin bespricht mit den Kindern nochmals das Herausholen der Langbänke. Eine Gruppe nach der anderen holt ihre Bank und den Malstab und wiederholt die Übungen der ersten Turnstunde.

1. Zwei Kinder gehen gegeneinander über die Bank. Versucht, verschieden auszuweichen.

2. Stand auf der Bank: Dreimal unten durchkriechen und oben drübersteigen. Welche Gruppe steht schnell wieder mit Handfassung auf der Bank *(Abb. 16)*?

3. Bewegt euch zu zweit über die Bank. Irgendwo müßt ihr zusammengebunden sein: an der Hand, am Arm, Fuß, Kopf usw. *(Abb. 17)*.

4. Die ganze Gruppe stößt, schiebt, rollt ein Kind über die Bank. Alle müssen helfen!

5. Stellt miteinander die Bänke und Malstäbe anders auf. Überspringt die Bänke und lauft um die Malstäbe. Nicht zusammenstoßen und nirgends warten *(Abb. 18)*!

Abb. 14

Abb. 15

Abb. 16

Abb. 17

Abb. 18

6. Zum Schluß machen wir ein Langbankviereck (= Garten). Drei Kinder tragen ein Spielband und sind die Gärtner, die übrigen die Hühner. Diese stehen auf den Bänken und versuchen, in freier Folge durch den Garten zu laufen, ohne von den Gärtnern erwischt zu werden. Ein gefangenes Huhn sitzt im Garten ab und kann von den anderen wieder erlöst werden. Von Zeit zu Zeit werden die Gärtner ausgetauscht *(Abb. 19).*

Leiter und Kinder rollen in die dritte Turnstunde

Lernziele

1. Die Kinder üben das Laufen in der Reihe (Kolonne). Abstände halten.

2. Sie lernen neue Ausgangsstellungen für gymnastische Übungen einnehmen und verbalisieren.

3. Sie lernen den Purzelbaum vorwärts und das Hilfeleisten.

4. Sie erleben das freie Rollen auf der Matte.

I.

1. Drei Kinder tragen ein Spielband. Hinter ihnen bilden sich Reihen (Kolonnen). Der Abstand von einem Kind zum anderen ist eine Armlänge. Streckt euren Arm so aus, daß er leicht die Schulter des vorderen Kindes berührt. Könnt ihr im Gehen diesen Abstand halten? Jede Reihe (Kolonne) geht, läuft, hüpft, springt wie das vorderste Kind frei durch den Raum. Könnt ihr die Abstände immer noch halten? Weicht gut aus; die anderen Reihen (Kolonnen) nicht kreuzen *(Abb. 20)!*

2. In den Reihen (Kolonnen): Gehen im Kauergang, Rücken gerade, Hände auf den Knien *(Abb. 21).*

3. Im Stand: Klatschen in alle Richtungen. Wo kann man überall klatschen? Hinter dem Rücken, über dem Kopf am Ort, vom Ort im Gehen, im Laufen.

4. Der Leiter zeigt neue Ausgangsstellungen und benennt sie: Rückenlage, Schneidersitz, Fersensitz. Die Kinder machen und sprechen nach.

5. Galopphüpfen seitwärts mit dem Leiter im Wechsel mit

Abb. 19

Abb. 20

Abb. 21

Abb. 22

Abb. 23

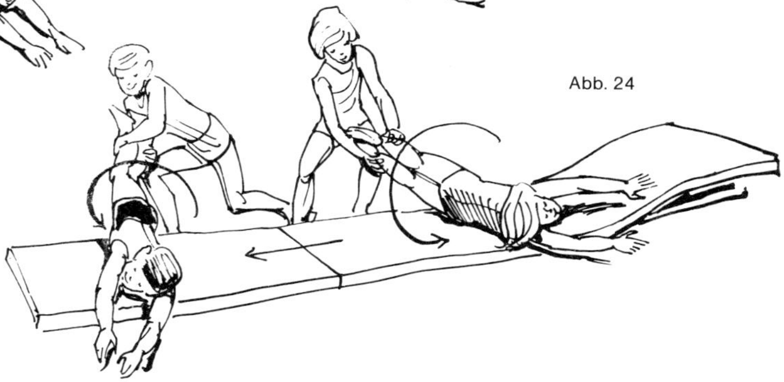

Abb. 24

Hüpfen am Ort. Regelmäßiger Rhythmus! Leise hüpfen und dabei die Arme ganz locker halten!

6. Bauchlage: Beine gespannt vom Boden wegheben im Wechsel mit lockerem Liegen *(Abb. 22).*

7. Schneidersitz: Beinwechsel in der Luft *(Abb. 23).*

8. Bauchlage: Vorwärtskriechen. Wer erreicht schnell die nächste Bodenmarkierung?

9. Ein Teil der Kinder steht in Grätschstellung verteilt im Raum: Die anderen kriechen unter den gegrätschten Beinen durch.

II.

Der Leiter holt den Mattenwagen. Je vier Kinder (oder mehr) legen zwei Matten ganz leise auf den Boden. Erziehung zur Sorgfalt! Unter die erste Matte schiebt der Leiter ein Sprungbrett, so daß eine schiefe Ebene zum Rollen entsteht. In einiger Entfernung sind Malstäbe aufgestellt, die nach jeder Mattenübung umlaufen werden, um Wartezeiten zu verhüten.

1. Lauft über die Matten und um den Malstab.

2. Rollt über die Matte! Der nächste setzt erst ein, wenn die Matte frei ist.

3. Ein Kind rollt ein zweites wie einen Baumstamm über die Matte *(Abb. 24).*

4. Die ganze Gruppe rollt ein Kind über die Matte.

5. Ein Kind überspringt von der Gegenseite ein rollendes Kind *(Abb. 25).*

Abb. 25

Abb. 26

Abb. 27

6. Der Leiter zeichnet drei Kreise mit Kreide auf die Matte. Der große Kreis ist für die Füße, die kleinen sind für die Hände. Der Leiter sagt folgenden Vers, während er selber oder mit einem Kind vormacht:

„Die Füße in den großen Kreis!
Die Hände in den kleinen Kreis!
Den Kopf auf die Knie!
Gesäß heben!
Mit den Händen stoßen!
Klaus macht so den Purzelbaum!" *(Abb. 26).*

Die Kinder lernen das Hilfeleisten sehr schnell. Zwei Kinder knien zu beiden Seiten etwas vor dem Übenden auf der Matte und drücken mit einer Hand dessen Hinterkopf gegen die Knie. Mit der anderen ziehen sie ihn am Hosenbund in die Rollbewegung *(Abb. 26).* Das übende Kind muß ganz leise über den Rücken rollen. Es darf nicht geschleudert werden. Einfühlung!

Zuerst kräftige Kinder als Helfer einsetzen.

7. Nach einer Übungsphase darf nochmals nach Herzenslust gerollt und gesprungen werden!

Tanzen und Singen – Rollen und Springen

I.

1. Die Turnstunde beginnt heute mit einem Lied. Kreisaufstellung. An Stelle des Worts „stehen" singen wir gehen, hüpfen, tanzen, laufen, kriechen, drehen, schleichen, springen. Der Kreis bewegt sich entsprechend *(siehe Notenblatt).*

2. Haschespiel mit Verzaubern. Alle Kinder laufen frei. Der Leiter ruft den Namen eines Kindes. Dieses verzaubert durch Berühren so viele Kinder als möglich in Zwerge, Bäume, Hasen usw. Jedes Kind verzaubert sich, in was es will. Sobald der Leiter ein anderes Kind aufruft, sind die Verzauberten erlöst. Das Spiel beginnt von vorn. Wer kann so schnell laufen, daß er nie verzaubert wird *(Abb. 27)?*

II.

Leiter und Kinder legen die Matten zu einer langen Mattenbahn aus. Die Kinder sollen nun intensiv laufen, springen und rollen.

1. Über die Mattenbahn laufen. Auf dem Rückweg Slalom zwischen den Malstäben durch.

Mir hebed enand

Unsere Kinder lieben es, einzeln mit Namen angesprochen zu werden. In kleinen Gruppen lässt sich das gut durchführen. Unser Anfangslied sieht dann so aus:

Lieder aus: Gerda Bächli, „DER 1000FÜSSLER“, Pelikan Edition 986, Beiheft 2 zu „Mein Erlebnis Musik“ – eine Werkreihe zur Musikerziehung, herausgegeben von Josef Röösli und Walter Keller-Löwy.

Abb. 28

Abb. 29

2. Über die Matten hüpfen, auf einem Bein, auf beiden Beinen *(Abb. 28).*

3. A geht sehr schnell, B hüpft neben ihm. Könnt ihr nebeneinander bleiben *(Abb. 29)?*

4. Überspringt die Matten im Zickzack.

5. Wer macht wenig Sprünge über die ganze Mattenbahn?

6. Lauft so, daß eure Füße auf jeder Matte zwei, drei Schritte machen.

7. Aufstellung an der Längsseite der Mattenbahn. Je zwei Kinder helfen einem dritten beim Purzelbaum. Wer kann nach der Rollbewegung die Arme sofort vorstrecken, also die Matte kein zweites Mal mit den Händen berühren? Wer kann schon so wegstoßen, daß der Kopf die Matte nicht mehr berührt *(Abb. 30)?*

8. Anlauf nehmen zum „Baumstammrollen“ *(Abb. 31).*

9. Frei um die Matten laufen. Wer ist auf Zuruf sofort unter einer Matte versteckt?

Abb. 30

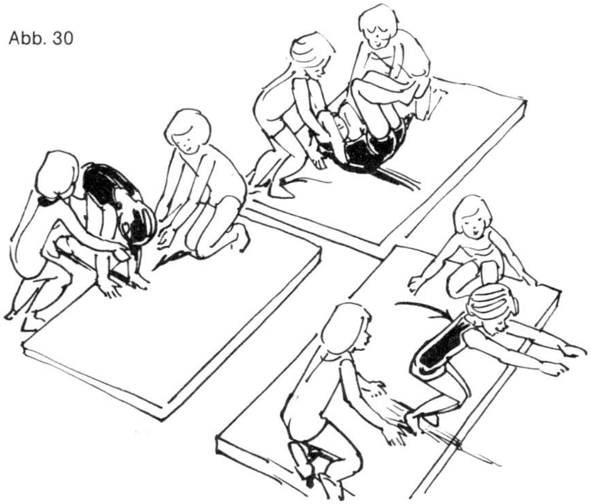

Abb. 31

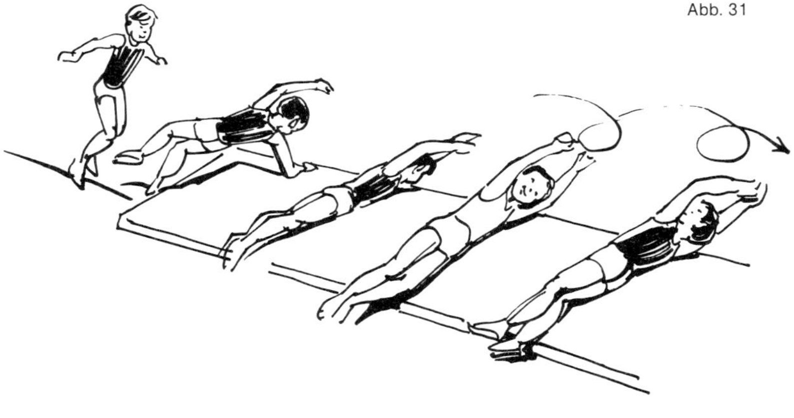

Abb. 32

Abb. 33

Fünfmal um die Wette laufen

Lernziele

1. Die Kinder lernen das Spielband als Turnmaterial kennen.

2. Im Hauptteil sollen die Kinder nach Herzenslust laufen, aber auch sich anpassen und Rücksicht nehmen.

Abb. 35

Abb. 34

I.

1. Die Leiterin hat zu Beginn der Stunde die Spielbänder als Nester ausgelegt. Die Kinder laufen um die Nester ohne anzustoßen und suchen auf Zuruf ihr eigenes Nest wieder auf.

2. Band auf dem Kopf: Gehen, drehen, absitzen, aufstehen, leicht laufen, ohne das Band zu verlieren.

Abb. 36

Abb. 37

3. Bauchlage, Band hinter dem Rücken gespannt: Leichtes Heben des Kopfes und der Schultern, zwei bis drei Sekunden verharren und entspannen *(Abb. 32).*

4. Über das Band steigen. Auch in der Vorwärtsbewegung.

5. Das Band in den Hosenbund stecken: Je zwei Kinder versuchen, sich gegenseitig das Band wegzunehmen, ohne das eigene zu verlieren. Partnerwechsel *(Abb. 33).*

6. Das Band aufwerfen und mit irgendeinem Körperteil fangen. Ein Kind ruft den Körperteil, mit dem gefangen wird *(Abb. 34).*

7. Das Band auf Kniehöhe gespannt: Über das Band hin- und hersteigen. Wer 15mal gestiegen ist, sitzt ab.

II.

1. Seitenwechsel: Welche Gruppe steht, sitzt, liegt zuerst auf der anderen Seite; die Füße müssen hinter der Linie sein.

2. Die Hälfte der Kinder liegt in Bauchlage im Raum verteilt. Wer von den anderen hat zuerst 20 Kinder übersprungen? Ein Kind darf immer nur einmal übersprungen werden. Wer fertig ist, kommt zur Leiterin *(Abb. 35).*

Die Leiterin und ein Kind schwingen ein langes Seil. Die Kinder stehen zu dritt mit Handfassung hinter dem Seil. Auf „Los!" ist Start. Welchen drei Kindern gelingt der gemeinsame Lauf durch das schwingende Seil *(Abb. 36)?*

4. Die Kinder stehen im Kreis. Es wird zu dreien oder vieren numeriert. Die Leiterin steht in der Kreismitte. Sie ruft eine Nummer und zeigt gleichzeitig mit dem Arm an, in welche Richtung gelaufen werden muß. Wer ist zuerst am Platz *(Abb. 37)?*

5. Die Leiterin läuft frei durch den Raum. Welches Kind kann sie erreichen? Wem dies gelingt, darf „Läufer" sein.

Treppauf – Treppab an der Sprossenwand

Lernziele

1. Die Kinder lernen die Sprossenwand kennen.

2. Sie erleben dieses Gerät vielseitig, allein und mit dem Partner.

I.

1. „Farbenfangis": Etwa drei Kinder bekommen ein Spielband. Alle Kinder laufen mit dem Rhythmus des Tamburins. Sobald der Leiter eine Farbe ruft, versuchen die Kinder, sie möglichst schnell zu berühren, bevor sie von den Fängern erwischt werden.

Es werden nur Farben von der Turnhalle berührt. Keine Kleiderfarben!

2. Sich strecken im Wechsel mit zweimal auf den Boden klatschen. Lebhaft! – Die Kinder machen das Gegenteil des Befehls, also auf „Klatschen" strecken sie sich und umgekehrt. Wer kann das?

3. Einen Fuß halten und rundum hüpfen am Ort. Fuß- und Richtungswechsel. Leise hüpfen!

4. Bauchlage: Schwimmen. Ihr müßt bei jedem Armzug den Kopf heben.

5. Sitz: Radfahren. Wer kann es auf einer Hüfte sitzend?

6. Zwei Kinder stehen hintereinander. A versucht B vorzuschieben. B stemmt sich dagegen.

II.

1. Die Kinder steigen die Sprossenwand hinauf und hinunter. Wer kann oben die Wand mit einer Hand berühren und unten mit beiden Füßen den Boden?

Abb. 38

Abb. 39

2. Wie 1., aber zu zweit nebeneinander. Ihr müßt aber immer gleich weit sein *(Abb. 38).*

3. Aufsteigen, ein Spielband auf die oberste Sprosse legen. Das nächste Kind holt es hinunter.

4. Aufsteigen, einen Tennisball zwischen Wand und Sprossenwand hinunterrollen lassen, unten auflesen und dem nächsten Kind übergeben.

5. Wer kann nur mit den Füßen die Sprossenwand hinauf? Sucht Lösungen *(Abb. 39)!*

6. A liegt fußwärts und gegrätscht in Rückenlage an der Sprossenwand. B steht vorlings zwischen den gegrätschten Beinen von A und faßt die Sprossenwand. Auf „Los!" versucht A die Beine des aufsteigenden B noch zu erwischen *(Abb. 40).*

7. Wer kann an der Sprossenwand hängen und verschiedene Kunststücke mit den Armen oder Beinen ausführen? Zeigt einander, was ihr herausgefunden habt und probiert es auch.

8. Haschespiel: Drei Kinder tragen ein Spielband in der Hand. Wer auf der Sprossenwand steht, kann nicht gefan-

Abb. 40

Abb. 41

Abb. 42

Abb. 43

gen werden. Wer gefangen wird, bekommt das Spielband. Wer ist so schnell, daß er nie auf die Sprossenwand muß und nie gefangen wird *(Abb. 41)*?

9. Freies Steigen und Klettern an der Sprossenwand. Die Füße müssen immer in Bewegung sein!

Rollen – Laufen – Steigen – Springen

Lernziele

1. Die Kinder sollen im einleitenden Teil durch genügend Bestätigung spüren, daß sie Fortschritte machen, daß sich ihr Bewegungsgefühl verbessert.

2. Im Hauptteil vertiefen sie das bereits Gelernte bei einem kleinen Hindernislauf. Immer wieder sollen sie den Partner- und Gruppenbezug erleben.

I.

1. Autorennen: Die Paare (Autos) laufen (fahren). Auf ein akustisches Zeichen stoppen sie den Lauf, und auf ein erneutes Zeichen fahren sie wieder los: Schnell und langsam, vor- und rückwärts, geradeaus und in Kurven. Mit viel Autogeräusch!

2. Gehen: vorwärts, rückwärts, seitwärts, rundum auf allen vieren. Auf Zuruf Richtungswechsel. Beim Rückwärtsgehen nach hinten schauen!

3. Weiter Grätschsitz: Zehen gegen den Boden und gegen das Schienbein strecken. Zuerst langsam, dann schnell *(Abb. 42)*.

4. Rückenlage: Zappeln wie eine Fliege. Im Wechsel mit Sitz.

5. Radschlagen. Rücken gegen die Kinder beim Vorzeigen.

6. Bauchlage: In der Hochhalte zweimal klatschen. Hände leise ablegen. Gut atmen!

7. Schneidersitz: Beinwechsel in der Luft, Arme in lockerer Seithalte *(Abb. 43)*.

8. Hampelmann-Hüpfen. So leise wie die Leiterin. Wer kann sich dabei noch drehen?

9. Wegdrücken. Die Partner stehen sich gegenüber und versuchen, sich gegenseitig wegzudrücken. Partnerwechsel!

Abb. 44

Abb. 45

II.

1. Die Leiterin bespricht mit den Kindern, welche Geräte sie jetzt schon kennen und wie sie anordnen wollen, um an allen zu turnen.

- Matte zum Rollen.
- Mattenbahn mit Abständen zwischen den Matten.
- Malstäbe-Reihe.
- Sprossenwand mit Glocken.
- Bänke.

Die Geräte werden so aufgestellt, daß die „langsamen“ Übungen am Anfang sind, um Staus zu vermeiden.

Beispiel:

Zwei Purzelbäume mit Hilfe *(Abb. 44).*
An der Sprossenwand läuten (mehrere Glocken, *Abb. 44).*
Sprünge über die Mattenabstände *(Abb. 45).*
Slalom durch die Malstäbe *(Abb. 45).*
Gehockte Wenden an den Bänken *(Abb. 45).*

2. Nach zwei bis drei Durchgängen schlagen die Kinder andere Bewegungen vor, die von allen geturnt werden.

3. Drei Kinder beraten, wie sie den „Parcours“ abturnen wollen.

4. Jedes Kind läuft den „Parcours“, wie es ihm gefällt.

5. Je vier Kinder versorgen auf originelle Art ein Gerät.

Gruppenarbeit an der Matte

Lernziele

Die Kinder erleben die Matten, ihre Schwere und ihre Möglichkeit zu vielseitiger Bewegung.

Die Leiterin holt den Mattenwagen aus dem Geräteraum. Die Kinder nicht auf den Mattenwagen steigen lassen. Unfallgefahr! Je nach Alter tragen vier bis acht Kinder eine Matte.

1. Jede Gruppe versucht, ihre Matte anders zu tragen. Könnt ihr die Matte gemeinsam still auf den Boden legen? Springt über eure Matte!

2. Könnt ihr die Matte auf irgendeine Art drehen?

3. Versucht, unter der Matte durchzukriechen! Helft einander, wenn es nötig ist *(Abb. 46)!*

4. Alle Kinder der Gruppe stehen auf der Matte. Stoßt ein-

Abb. 46

Abb. 47

ander von der Matte! Wer ist am Schluß noch auf der Matte *(Abb. 47)?*

5. Auf den Zuruf „Wechsel“ läuft die ganze Gruppe auf eine andere Matte. Welche Gruppe bleibt gut zusammen?

6. Baut aus der Matte (den Matten) einen Tunnel und kriecht unten durch *(Abb. 48).*

7. Lauft um alle Tunnel und kriecht durch, ohne irgendwo zu warten.

8. Purzelbaum vorwärts mit Hilfe von zwei Kindern. Siehe Stundenbild 3 (Rollen).

9. Versucht nach dem Purzelbaum in der Bauchlage zu landen!

10. Versucht nach dem Purzelbaum als Baumstamm weiterzurollen *(Abb. 49).*

11. Wer kann nach dem Purzelbaum im Schneidersitz oder Fersensitz landen?

12. Ein Kind der Gruppe ist Fänger. Es trägt ein Spielband in der Hand. Wer auf der Matte steht, kann nicht gefangen werden. Wer gefangen wird, bekommt das Spielband. Wer ist so schnell, daß er nie gefangen wird und nie auf der Matte

Abb. 48

Abb. 49

Abb. 50

Abb. 51

stehen muß? Das Haschespiel nur im Bereich der eigenen Matte machen *(Abb. 50).*

13. Die Matten mit einem Lied zum Mattenwagen tragen.

Der lustige Ball

Lernziel

Die Kinder erleben den rollenden, springenden, fliegenden Ball.

1. Freies Spielen mit dem Ball.

2. Der Leiter hat an verschiedenen Orten „Tore“ aufgestellt (Malstäbe). Rollt den Ball mit den Füßen und versucht, in die Tore zu treffen *(Abb. 51).*

3. Wer kann den Ball rollen, ihm nachlaufen und fangen, bevor er an der Wand ankommt?

4. Die Kinder stehen an der Stirnseite der Halle: Alle rollen ihren Ball gemeinsam weg. Schaut ihm nach! Wer findet seinen Ball wieder?

Abb. 52

Abb. 53

Abb. 54

Abb. 55

Abb. 56

5. Wer kann den Ball an einer Linie entlang geradeaus rollen?

6. Wer kann in der Hocke mit dem Übungsleiter den Ball prellen? Macht die Hand so rund wie der Ball ist. Sie ist wie ein „Hütchen“ über dem Ball *(Abb. 52).*

7. Probiert das Prellen auch im Stand. Die Fersen bleiben am Boden, die Knie federn, die Hand macht das Hütchen. Der freie Arm hängt ganz locker.

8. Gehorcht euch wohl der Ball, wenn ihr geht oder gar lauft und prellt?

9. Könnt ihr den Ball an die Wand werfen und fangen? Probiert noch Kunststücke vor dem Fangen aus! Zeigt sie einander *(Abb. 53)!*

10. Jedes Kind bindet an seinen linken Fuß (für Rechtshänder) ein Spielband. Beim Ballwurf an die Wand soll das Bein mit dem Spielband vorn sein. Achtet darauf *(Abb. 54)!*

11. Schwierige Kunststücke mit dem Ball: Den Ball mit den Fußsohlen umgreifen und hochwerfen. Mit den Händen fangen. Wer kann den Ball mit den Füßen fangen? Wem gelingt das einige Male?

12. Den Ball im Stehen aufwerfen, im Sitz fangen und umgekehrt. Wer es 15mal geschafft hat, kommt zum Leiter *(Abb. 55).*

Ballspiele

1. Wer kann seinen Ball auf eine Keule, Büchse usw. zurollen und diese treffen oder umwerfen? Jedes Kind zählt seine Treffer *(Abb. 56).*

2. Die Spielgruppe befindet sich außerhalb eines Kreises. In der Kreismitte stehen zwei Wächter, die zehn Keulen bewachen. Die Kreisspieler spielen sich ihre Bälle zu und versuchen, die Keulen umzulegen. Die Wächter stellen die umgeworfenen Keulen schnell wieder auf. Wenn alle Keulen liegen, oder nach einer bestimmten Zeit, wechseln die Wächter *(Abb. 57).*

Abb. 57

Abb. 58

Abb. 59

Abb. 60

Das erste Mal am Reck

Lernziele

1. Die Kinder wärmen sich allein auf.

2. Sie helfen beim Geräteaufbau: Reck, Bänke, Matten.

3. Sie erleben Bewegungsmöglichkeiten an diesem Gerät.

4. Sie sind auf Hilfe angewiesen.

I.

Der Leiter hat ein großes Plakat bei sich, auf dem mit Strichmännchen Übungen gezeichnet sind, die die Kinder schon gemacht haben. Er zeigt auf ein Strichmännchen. Die Kinder führen diese Übung intensiv aus, bis der Leiter auf ein anderes Strichmännchen zeigt.

II.

Der Leiter organisiert das Holen der Geräte. Genau überlegen! Alles muß geordnet her- und zugehen, wegen der Unfallgefahr. Wer nichts zu tun hat, steigt die Sprossenwand auf und ab.

Das Reck wird hüfthoch eingestellt.

1. Die Kinder fühlen und schauen die Reckstangen an und verbalisieren, was ihnen an diesem Gerät auffällt. Was ist am Reck anders als an der Sprossenwand?

2. Unter dem Reck durchrollen: Baumstammrolle. Nicht zu zeitig aufstehen, damit ihr den Kopf nicht an der Reckstange aufschlagt.

3. Wir steigen am Reckpfosten auf und springen in den Kreidekreis, der in der Mitte der Matte eingezeichnet ist. Springt leise und tief! Wer kann nach dem Tiefsprung noch einen Strecksprung machen *(Abb. 58)*?

4. Über die Reckstange gehen. Dreiergruppen: Zwei Kinder halten das übende Kind bei der Hand *(Abb. 59)*.

5. Sitz auf der Stange: Seitwärtsrutschen, ein Helfer sichert durch Halten am Rücken *(Abb. 60)*.

6. Stütz auf der Stange, mit den Händen auf die Matte tiefgreifen und wegkriechen zum Absprung auf die Fußsohlen *(Abb. 61)*.

7. Übersteigen der Stange mit Aufstützen eines Fußes. Auf dem Rückweg unten durchkriechen *(Abb. 62)*.

8. Jedes Kind darf sich frei am Reck bewegen. Aufgreifen und Üben von vorgezeigten Beispielen.

9. Zum Schluß werden Bänke an den Reckstangen befestigt. Freies Gehen, Rutschen, Kriechen. Übt auch zu zweit! Nirgends stillstehen. Helft einander, wenn es nötig ist *(Abb. 63)*.

Abb. 61

Abb. 62

Zum 11. Stundenbild elf Minuten laufen

Lernziele

1. Die Kinder wärmen sich mit Schlaghölzern auf.

2. Sie machen Erfahrungen mit Dauerlaufen.

Abb. 63

I.

1. Jedes Kind bekommt zwei Schlaghölzer. Verteilt euch und legt die Hölzer so nebeneinander, daß ihr sie nach dem Laufen wiederfindet.

Laufen mit Musik. Hört sie auf, geht jedes Kind wieder zu seinen Hölzchen und legt sie anders zusammen.

2. Rollt ein Hölzchen mit dem anderen, so daß ihr immer daneben laufen könnt *(Abb. 64).*

3. Rollt nur, wenn ich das Zeichen gebe.

Abb. 64

Abb. 65

Abb. 66

Abb. 67

4. Sitz, die Hölzchen stehen bei den Knien: Die Beine über die Hölzchen schwingen *(Abb. 65).*

5. Bauchlage, die Hölzchen stehen in Hüfthöhe: Seitwärtsgehen auf Händen und Füßen in die Bauchlage *(Abb. 66).*

6. Mit der Leiterin verschiedene Anschlagsarten ausprobieren. Bewegt euch noch dazu.

7. Die Leiterin zeigt mit den Fingern, ob laut oder leise geschlagen werden muß. Dann führen zwei Kinder diese Aufgabe aus.

8. Die Leiterin schlägt verschiedene Rhythmen vor. Wer kann sie nachschlagen?

9. Die Kinder versuchen, sich im Gehen mit den Hölzchen zu begleiten.

10. Ein Kind begleitet ein zweites. Dieses bewegt sich in der Nähe des Schlagenden in alle Raumrichtungen. Das schlagende Kind konzentriert sich gut auf den Fußrhythmus *(Abb. 67).*

11. Beide Hölzchen fortrollen, nachschauen und auf Zuruf wieder holen.

II.

Was muß die Leiterin über die Lauftechnik beim Ausdauerlaufen wissen?

Abb. 68

Abb. 69

Abb. 70

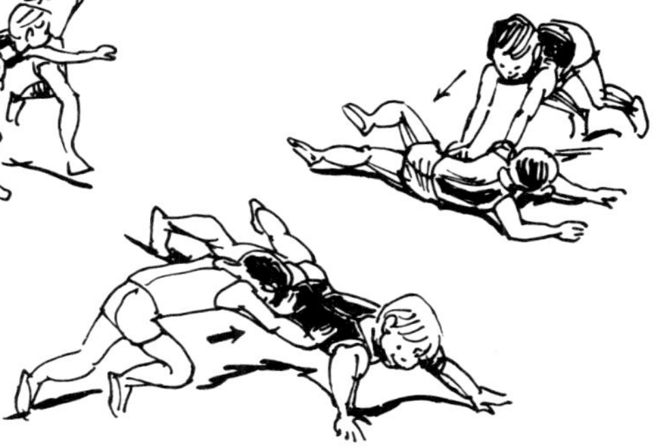

Abb. 71

Abb. 72

– Der Fuß wird über die Ferse flach in Laufrichtung aufgesetzt *(Abb. 68).*

– Belastet wird vor allem die Außenkante des Fußes.

– Damit das Knie vorkommt, ist eine gute Hüftstreckung erforderlich.

– Die Arme pendeln locker angewinkelt in Laufrichtung. Dadurch wird eine zu starke Schulterrotation vermieden.

– Ein- und Ausatmen erfolgt durch den Mund.

Muß das Lauftraining in der Halle durchgeführt werden, die Fenster öffnen und leicht zu bewältigende Hindernisse aufstellen. Möglichst verschiedenfarbige, damit sie großen Aufforderungscharakter haben.

Zum Beispiel: blaue Malstäbe, gelbe Kastenoberteile, rote Hütchen, weiße Reifen usw. Die Gegenstände in einer Acht anlegen. Die Kinder sind zu vieren eingeteilt. Sie beginnen im Schnittpunkt der Acht zu laufen und treffen sich jedesmal dort wieder. Es soll dort aber keine Wartezeit entstehen. Lauft alle gleich schnell! Ihr müßt miteinander in der Mitte ankommen *(Abb. 69).*

Kurze Hinweise in bezug auf die Technik werden erst mit der Zeit gegeben, und wenn sie nötig sind. Während des Laufes nimmt die Leiterin viel Kontakt mit den Kindern auf. Sie freut sich über ihre Ausdauer. Die Laufzeit ist dem Alter der Kinder angepaßt.

Nicht vergessen: Kinder sind Marathonläufer!

Am Schluß ruhig bei der Leiterin durchatmen, bis der Kreislauf wieder normalisiert ist.

Zum Schluß darf ein Kind noch ein Spiel vorschlagen. Vielleicht das Kind, das in diesem Monat Geburtstag hat.

„An Steilhängen“

Lernziele

1. Die Kinder erleben ihre Kraft bei Partnerübungen.

2. Sie lernen über die ausgeschwenkte Sprossenwand steigen.

I.

1. Die Kinder laufen paarweise durch die Halle. Zwischendurch heben sie immer wieder einmal die angefaßten Hände hoch, so daß ein anderes Paar unter dem „Torbogen“ durchlaufen kann *(Abb. 70).*

2. A sitzt im Schwebesitz. B überspringt seine Beine und läuft hinter seinem Rücken durch. Nach 20 Sprüngen Wechsel.

3. Wie 2., aber die Beine und Füße müssen jedesmal verändert sein, wenn B springt.

4. A ist im Liegestütz. B versucht die „Brücke“ gegen den Widerstand von A wegzuschieben *(Abb. 71).*

5. Schubkarre: A geht in den Liegestütz mit gegrätschten Beinen. B stellt sich zwischen dessen Beine, faßt die Oberschenkel und legt die Beine von A um seine Hüften. B führt die Schubkarre einige Meter durch die Halle und stellt sie dort sorgfältig ab *(Abb. 72).*

Abb. 73

Abb. 74

6. A geht in den Knieliegestütz, B übersteigt ihn mit gehockter Wende, läuft in einem großen Bogen um ihn und überspringt ihn wieder. Nach 10 Sprüngen Rollenwechsel *(Abb. 73)*.

7. A und B sitzen Rücken an Rücken, jeder versucht den anderen von seinem Platz zu schieben.

8. Die Kinder laufen frei durcheinander. Auf ein Zeichen sucht jedes schnell seinen Partner.

II.

Die Sprossenwand ist ausgeschwenkt. Matten! An den festen Sprossenfeldern sind Langbänke in verschiedenen Höhen befestigt. Die Enden der Bänke können auf Kasten aufliegen. Matten!

1. Freies Steigen über die Bänke. Die Bänke hinauf, die Sprossenwand hinunter und umgekehrt. Damit keine Staus entstehen, Malstäbe in einiger Entfernung aufstellen, die immer wieder umlaufen werden müssen *(Abb. 74)*.

2. Die Leiterin steht oben auf der ausgeschwenkten Sprossenwand und sichert jedes Kind, das hinüberklettern will. Kein Zwang!

3. Die Sprossenwand hinaufsteigen, über die erhöhte Bank gehen und Abspringen (eventuell sichern, *Abb. 75)*.

4. Die steile Bank hinaufgehen, mit großen Schritten die Sprossenwand hinunter.

5. Wie 4., aber die Sprossenwand hinunterhangeln. Wer kann das? Eventuell sichern.

6. Versucht ganz verschieden die Bank hinunterzukommen: Seitsitz, Grätschsitz, Vierfüßler vorwärts oder rückwärts *(Abb. 76)*.

7. Als Dreibeiner die Sprossenwand hinauf *(Abb. 77)*.

8. Im Paar die Klettertour wagen. Ihr müßt immer beisammen sein. Haltet einander an einem Körperteil. Gestaltet lustige Abfahrten! Macht schwierige Aufstiege!

Die Stunde mit einem ruhigen Singspiel abschließen.

Abb. 75

Abb. 76

Schachteln und Schächtelchen in der Turnstunde

Abb. 77

Lernziele

Die Kinder machen Erfahrungen im Spiel mit Gegenständen, die sie jeden Tag in der Wohnung sehen. Diese Erfahrungen sollen die Kinder auch zu Hause zum Spiel anregen.

Jedes Kind bringt große und kleine Schachteln mit. Auf längere Zeit sammeln. Wenn es möglich ist, werden die Schachteln mit buntem Papier verschönert.

1. Die Schachteln auslegen. Laufen und auf Zuruf bei einer besonders schönen Schachtel stehen.

2. Jedes Kind nimmt eine große und eine kleine Schachtel und trägt sie bei ruhiger Musik durch den Raum. Fällt eine Schachtel auf den Boden, lassen wir sie liegen.

Abb. 78

Abb. 81

Abb. 79

Abb. 80

3. Schiebt eure Schachteln vor euch her. Mit kleinen und großen Schüben *(Abb. 78).*

4. Rollt eine Käseschachtel in einem großen Bogen um eine große Schachtel.

5. Rollt jetzt eine Waschmitteltrommel!

6. Versucht, ohne das Laufen zu unterbrechen, die ausgelegten Schachteln in ihren Stellungen zu verändern.

7. Dreht auf einer Schuhschachtel eine Käseschachtel. Könnt ihr die Schuhschachtel noch aufheben und wieder abstellen *(Abb. 79)?*

8. Legt eine große Schachtel auf eine kleine und balanciert sie *(Abb. 79).*

9. Ein Kind steckt einen Fuß in eine Schuhschachtel, das andere zieht oder stößt es.

10. Über die Waschmitteltrommel legen und sich fortbewegen *(Abb. 80).*

11. Die Trommel mit dem Fuß vorwärts rollen.

Abb. 82

Abb. 83

12. Zwei Trommeln aufeinanderstellen und überspringen *(Abb. 81).*

13. Drei Trommeln aufeinanderstellen. Drei Kinder fassen zum Kreis durch und ziehen sich über die Trommeln.

14. Dreiergruppen. Welche Gruppe hat zuerst einen Schachtelturm erbaut? Ihr dürft immer nur eine Schachtel holen *(Abb. 82).*

15. Kreise um die Schachteltürme: Hopserhüpfen mit Handfassung. Auf Zuruf schnell zu einem anderen Turm laufen und hüpfen. Welche Gruppe ist zuerst *(Abb. 83)?*

16. Je vier Kinder stehen in einer Reihe (Kolonne): Das vorderste hat eine Zündholzschachtel an die Nase gesteckt. Es läuft um einen entfernten Malstab und steckt sie dem nächsten Kind an. Wer kann es ohne Hilfe der Hände *(Abb. 84)?*

17. Wie 16., aber Lauf mit einem Schachtelturm. Könnt ihr den Turm so übergeben, daß nichts hinunterfällt?

18. Verschieden große Schachteln mit Schnüren zusam-

Abb. 84

Abb. 85

Abb. 86

Abb. 87

menbinden. Könnt ihr so um den Malstab laufen und das „Geschächtel“ mitziehen *(Abb. 85)?*

19. Jede Vierergruppe stellt sich in einiger Entfernung hinter einem Schachtelturm auf. Welche Gruppe hat den Turm zuerst 20mal mit einem rollenden Softball getroffen?

20. Zwei Gruppen. Welche Gruppe hat zuerst ein Orchester mit Schachtelgeräuschen zusammengestellt und führt es originell – mit viel Bewegung – vor?

14. Stundenbild: Um 14.00 Uhr am Waldrand

Lernziele

1. Die Kinder verbessern ihre Geschicklichkeit mit Tannenzapfen.

2. Sie üben sich in Standstößen und erleben das Miteinander in den kleinen Wettkämpfen (für ältere Kinder).

I. Gymnastische Übungen

1. Jedes Kind sucht 14 Tannenzapfen und legt sie zu einem Kreis aus: Um das eigene Nest laufen, auf Zuruf um ein „fremdes“ Nest laufen.

2. Merkt euch von einem Platz aus vier Nester. Lauft jetzt fortgesetzt um diese vier Nester. Stoßt mit niemandem zusammen.

3. Sprünge über das Nest, auch mit Drehungen.

4. Das Nest wird um 5 m verlegt. Holt nur immer einen Tannenzapfen. Wer hat schnell wieder ein neues, schön rundes Nest?

5. Einen Tannenzapfen fallen lassen. Bevor er den Boden berührt, noch schnell von oben (Ristgriff) fangen. Versucht es mit zwei Tannenzapfen. In jeder Hand einen!

6. Einen Zapfen unter dem erhobenen Bein durchwerfen und fangen. Einmal mit der Wurfhand, einmal mit der anderen Hand fangen *(Abb. 86).*

7. Werft den Tannenzapfen um den ausgestreckten Gegenarm, über den Kopf von rechts nach links *(Abb. 87).*

8. Mit geschlossenen Beinen hüpfen, den Tannenzapfen zwischen den Knien oder Füßen.

9. Den Zapfen vor dem Körper, mit unterschiedlichen Schwingungsweiten von einer Hand in die andere pendeln *(Abb. 88).*

10. Den Tannenzapfen in Achterkreisen um die gegrätschten Beine führen. Haltet den Körper aufrecht, Kniebeugen, Gewicht verlagern.

11. Umkehrstaffel: Alle Tannenzapfen werden auf einen Haufen gelegt. Die Kinder stehen in Viererreihen(-kolonnen) in 10–20 m Entfernung. Nach dem Startzeichen holt jedes in der Kolonne einen Zapfen, umkreist die wartende Reihe

Abb. 88

Abb. 89

(Kolonne). Sobald es vor dem Reihenersten durchgelaufen ist, darf dieser starten. Welche Reihe (Kolonne) holt am meisten Tannenzapfen?

II. Stoßen und Laufen

Zwei Glieder, paarweise hintereinander:

Die Einser stoßen ihren Stein so weit wie möglich, die Zweier stoßen nicht, aber beobachten ihren Partner *(Abb. 89)*.

Nachdem alle Einser gestoßen haben, gibt der Leiter ein Startsignal. Nun laufen die Einser zu einer hinten markierten Grenzlinie, berühren diese und laufen wieder zurück, während die Zweier möglichst schnell den von ihrem Partner gestoßenen Stein einsammeln. Welcher der beiden Partner ist zuerst zurück?

Stoßstaffel:

In Gruppen, jede Gruppe mit einem gleich schweren Stein: Jedes Kind stößt der Reihe nach den Stein im Stand immer von der Stelle aus, wo der Stein liegen blieb.

Welche Gruppe kommt insgesamt am weitesten?

Zielstoßen:

Auf dem Boden liegen für jede Gruppe in verschiedenen Abständen Punkte, Kreise (Fahrradreifen) bereit. Jedes Kind hat einen ihm entsprechenden Stein.

a) Wer schätzt sich richtig ein und hat nach zehn Stößen die höchste Punktzahl?

b) Wie a), aber als Gruppenwettkampf.

Spießrutenlauf auf dem Waldweg:

Die Kinder gehen in einer Zweierreihe (Kolonne). Das hinterste Paar läuft schnell durch die Gasse vor und erhält dabei leichte Schläge auf die Hinterseite.

Indianerlauf:

20 Gehschritte im Wechsel mit 20 Laufschritten.

Merke für den Leiter:

1. Gelände erkunden.

2. Hin- und Rückweg für die Kinder gut organisieren.

3. Kinder tragen lange Hosen und langarmige Leibchen. Schutz vor Kratzern und Insekten.

4. Taschenapotheke nicht vergessen.

Liebe Schwester, tanz mit mir, lieber Bruder, turn mit mir!

Lernziele

1. Die Kinder lernen zwei Singspiele. Sie erleben dabei die Verbindung von Lied und rhythmischer Bewegung. (Nicht die Perfektion ist wichtig, sondern das tanzende Kind.)

2. Die Kinder turnen intensiv an den ihnen bekannten Geräten.

Liebe Schwester, tanz mit mir

2. Mit den Füßen trapp trapp trapp,
mit den Händen klapp klapp klapp.
Einmal hin, einmal her ...

3. Ei, das hast du gut gemacht,
ei, das hätt ich nicht gedacht.
Einmal hin, einmal her ...

4. Noch einmal das schöne Spiel,
weil es mir so gut gefiel.
Einmal hin, einmal her ...

Aufstellung: Paarweise im Kreis, innere Hände gefaßt, Blick in Tanzrichtung.

Tanzform

1. Strophe

Takt 1—4	Gehen vorwärts, auf 16. Zeit beide Hände fassen.
Takt 5	Zwei Nachstellschritte seitwärts in Tanzrichtung.
Takt 6	Zwei Nachstellschritte seitwärts gegen Tanzrichtung.
Takt 7+8	Mit acht Schritten im Uhrzeigersinn ringsherum gehen.

2. Strophe

Takt 1+2	Einander gegenüberstehend stampfen.
Takt 3+4	Klatschen.
Takt 5+6	Wie 1. Strophe.
Takt 7+8	Um die eigene Achse drehen *(Abb. 90).*

Abb. 90

3. Strophe

Takt 1+2	Außenstehendes Kind verbeugt sich.
Takt 3+4	Innenstehendes Kind verbeugt sich.
Takt 5+8	Wie 2. Strophe.

4. Strophe Wie 1. Strophe.

Das Lied kann auch mit leichtem Hopserhüpfen getanzt werden.

1. Der Leiter singt das Lied vor. Die Kinder geben kurz den Inhalt wieder und machen Vorschläge, wie das Lied gespielt werden könnte. Die Tanzschritte sollen nicht eingedrillt werden. Die Kinder möchten gern schnell zum Tanzerlebnis kommen.

Die Katze ist zu Haus

Abb. 91

2. Da geht die Katze fort,
miau, miau!
An einen andern Ort,
miau, miau!
Die Mäuslein alle lustig sind
und tanzen alle so geschwind,
miau, miau, miau!

3. Wie das die Katze hört,
miau, miau!
Da ist sie umgekehrt,
miau, miau!
Sie fängt sich eine fette Maus
und speiset sie zum Abendschmaus,
miau, miau, miau!

Aufstellung: Kreis mit gefaßten Händen, einige Kinder als „Mäuslein“ innerhalb und eines als „Katze“ außerhalb des Kreises.

Tanzform

Die Kinder gehen singend im Kreis, während die „Mäuslein“ und die „Katze“ die Geschichte darstellen. Bei der letzten Strophe bleiben die Kinder stehen und singen so lange, bis die Katze ein Mäuslein erwischt hat *(Abb. 91)*.

2. Der Leiter stellt die den Kindern bekannten Geräte mit den Kindern auf:

- Bänke an Sprossenwand
- Bänke an Reck
- Malstabreihen
- Bänke
- ausgeschwenkte Sprossenwand.
- Reck hüfthoch.
- Matten in Variationen: über Bänke. als Tunnel.

Die Kinder dürfen an allen Geräten frei turnen, aber nirgends herumstehen.

Die Stunde kann mit einem gemeinsamen Spiel abgeschlossen werden. Haschespiel: „Spitalfangis“. Die Fänger müssen mit jener Hand jene Stelle des Körpers berühren, wo sie angeschlagen wurden. Mehrere Fänger. Oder kleine Spielgruppen mit einem Fänger.

Abb. 92

Abb. 93

Mit Lust über den Kasten

Lernziele

1. Die Kinder lernen, das neue Gerät aus dem Geräteraum zu holen.

2. Sie probieren verschiedene Sprünge aus und sollen dabei viel Freude und Selbstvertrauen erleben.

I.

1. Wer hat keinen Ball? Die Kinder gehen oder laufen in der Umzugsbahn. In der Mitte der Halle liegen eine Anzahl Bälle weit auseinander. Auf Zuruf der Leiterin bemüht sich jedes, einen Ball zu erwischen. Wem gelingt das?

2. Einfache Brücke: Sitz auf dem Boden, Beine leicht angezogen, die Hände stützen hinter dem Körper auf den Boden. Das Gesäß wird vom Boden weggehoben und der Bauch hochgewölbt.

3. Sitz: Die Zehen beugen, strecken, spreizen und kreisen.

4. Hasenhüpfer vorwärts. Auch als kleinen Wettlauf über eine kurze Strecke.

5. Kerze: In der Rückenlage Knie anziehen, Beine strecken, Rücken stützen, durch den offenen Mund atmen, Kinn auf Brustbein legen.

6. Schneidersitz, Hände auf den Knien: Knie gegen den Boden federn. Gerader Rücken.

7. A und B versuchen, einander auf die Füße zu treten und geschickt auszuweichen. Nur kurz, dann Partnerwechsel.

II.

Leiterin und Kinder holen die Kästen. Differenzierte Höhen einstellen. Hinter jedem Kasten liegen zwei Matten.

1. Von der Seite bäuchlings auf dem Kasten liegen und über den Bauch auf die Matte abwenden. Kleine Laufstrecke einbauen, um Wartezeiten zu vermeiden *(Abb. 92).*

Abb. 94

Abb. 95

2. Auf den Kasten klettern und aus dem Sitz oder aus der Kauerstellung auf die Matte springen *(Abb. 92 und 93).*

3. Stand auf dem Kasten, Sprung in den Kreidekreis auf der Matte. Leise abspringen und wirklich tief, nicht auf die Hände *(Abb. 94)!*

4. Wie 3., aber mit ¼ Drehung beim Springen.

5. Sprung zum Fersensitz auf dem Kasten. Ein Kind steht auf der Gegenseite des Kastens und hält dem Übenden die Hand hin. Dieser stützt sich mit seiner Hand drauf und springt ab *(Abb. 95).*

6. Wie 5., versucht aber den Mutsprung ohne Hilfe. Holt mit den Armen gut aus!

7. Wer kann nach dem Mutsprung noch einen Purzelbaum anschließen?

8. Wir versuchen die gehockte Wende (bekannt von der Langbank her, *Abb. 96).*

Abb. 96

Abb. 97

Abb. 98

Zuerst noch „Zwischenlandung“ mit den Füßen auf dem Kasten. Wer wagt die gehockte Wende?

9. Wir stellen noch eine Bank vor den Kasten. Wer kann aus dem Gehen mit nur je einem Fuß die Bank, dann den Kasten betreten zum Tiefsprung und Purzelbaum? Versucht es auch im Paar oder zu dreien mit Handfassung *(Abb. 97).*

10. Auf allen Bänken, Kästen und Matten könnt ihr gehen, springen, rollen. Übt intensiv!

Das erste Mal an den Ringen

Lernziele

1. Die Kinder suchen neue Möglichkeiten mit dem prellenden, rollenden und fliegenden Ball.

2. Die Kinder erfreuen sich an Schaukelschwüngen mit den Ringen. Sie erleben sich schwebend im Raum.

I.

1. Jedes Kind hat einen Ball. Freies Laufen durch die Halle. Im Lauf – ohne ihn zu unterbrechen – tauschen sie mit anderen Kindern den Ball aus.

2. Die Leiterin ruft: Rollen und Beine! Die Kinder suchen Möglichkeiten, den Ball um/über die Beine zu rollen. In verschiedenen Ausgangsstellungen. Intensiv rollen!

Die Leiterin ruft:

Rollen – Turnhalle,
Werfen – Wand,
Prellen – Bauchlage,
Rollen – Kopf,
Werfen – Füße,
Prellen – Kreislinie,
Rollen – Fuß,
Werfen – Decke.

II.

Die Leiterin zeigt den Kindern das Herunternehmen der Ringe.

1. Die Kinder fassen die Ringe an und spüren ihr Gewicht.

2. Die Kinder laufen im Slalom zwischen den Ringseilen durch, ohne sie zu berühren. Die Leiterin stellt noch eine Malstabreihe unweit der Ringe auf und zwei Langbänke.

3. Die Kinder sitzen in den etwas über kniehohen Ringen. Bei Ein- und Ausstiegsschwierigkeiten helfen die Kinder einander. Die Leiterin gibt jedem Kind Schwung und erklärt den

Abb. 99

Abb. 100

Kindern, wie sie sich selber auch Schwung geben können: Beim Vorschaukeln die Beine und Arme ausstrecken, beim Rückschaukeln gerade sitzen. Nach dem Schaukeln laufen die Kinder Slalom um die Malstäbe, bis die nächsten „Schaukler" aussteigen und Slalom laufen. Die ersten „Slalomläufer" machen nun gehockte Wenden an der Langbank, bis die dritten „Schaukler" aussteigen *(Abb. 98).* Evtl. noch mehr Stationen aufstellen. Jedes Kind kommt mehrmals zum Schaukeln.

4. Sollte Zeit bleiben, dürfen die Kinder im Stand in den Ringen schaukeln. Wieder mit den Stationen. Keine Kinder warten lassen!

Zum Schluß der Stunde können die Singspiele wiederholt werden.

Kunststücke auf der Matte

Lernziele

1. Die Kinder lernen Grundformen des Bodenturnens.

2. Sie lernen das Hilfeleisten und Verantwortung übernehmen.

*

1. Die Kinder holen die Matten. Jede Gruppe trägt sie anders. Könnt ihr das *(Abb. 99)?*

2. Slalomlaufen um die Matten. Auf Zuruf sich schnell auf eine Matte setzen oder in Rückenlage auf der Matte liegen, Beine zur Decke oder auf einem Bein stehen.

3. Wie 2., sucht selber lustige Stellungen auf der Matte.

4. Wie 2., die ganze Gruppe muß auf der Matte nach dem Lauf ein lustiges Gruppenbild machen.

5. Slalomlaufen. Wenn die Matte frei ist, eine „Baumstammrolle" ausführen und weiterlaufen. Stört niemanden!

6. Reihen (Kolonnen) hinter den Matten. Je zwei Kinder rollen irgendwo verbunden gemeinsam über die Matte *(Abb. 100).*

7. Je zwei Kinder machen auf der Matte eine Kerze und laufen anschließend durch den Raum, bis sie wieder mit der Kerze an der Reihe sind.

8. Die Kinder üben den Purzelbaum vorwärts. Wenn es nötig ist, Hilfe geben lassen durch die Kinder. Versucht den Purzelbaum aus dem Kniestand in den Kniestand.

9. Kopfstand und Kniestand an einer Mattenecke: Matten-

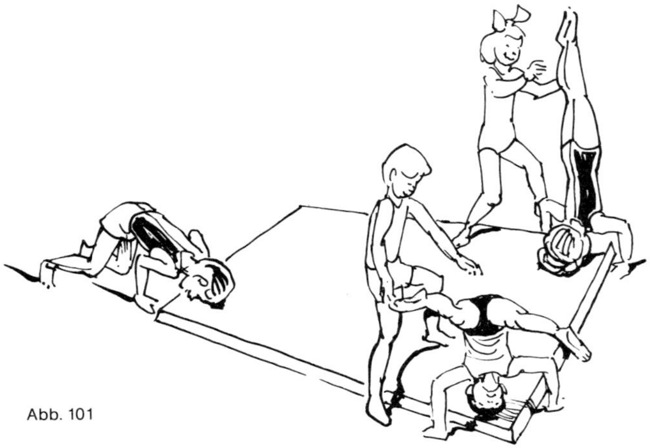

Abb. 101

Abb. 104

Abb. 102

Abb. 103

rand fassen, Kopf aufsetzen und mit kleinen Schritten gegen den Kopf gehen, bis die Hüften sich mit gestrecktem Rücken senkrecht über dem Kopf befinden *(Abb. 101).*

10. Wie 9., wer kann aber die Beine angehockt in die Luft heben und im Gleichgewicht bleiben? Zwei Kinder halten den Übenden je an einem Unterschenkel *(Abb. 101).*

11. Wie 10., wer kann jetzt mit Partnerhilfe die Beine senkrecht in die Höhe strecken? Den Körper gut spannen *(Abb. 101).* Rückweg wieder langsam.

12. Anlauf und Weitsprung über die Matte.

13. Rolle rückwärts: Je drei Kinder nebeneinander auf der Matte. Schaukeln auf dem Rücken mit angehockten Beinen, Hände neben den Ohren nach hinten gerichtet, Handflächen oben. Wer kann am Ende des Rückschaukelns mit den Handflächen am Boden abstoßen *(Abb. 102)?*

14. Schiefe Ebene, Sprungbrett unter der Matte: Rolle rückwärts aus dem Kauerstand in den Kniestand. Zwei Kinder knien an beiden Seiten der Matte etwas vor dem übenden Kind und unterstützen dessen Rollbewegung mit einem leichten Drehstoß an der Hüfte *(Abb. 103).*

Abb. 105

Abb. 106

15. Haschespiel in der Kleingruppe um die Matte. Der Fänger mit einem Spielband in der Hand.

16. Zum Schluß proben wir noch ein Rad über die Matte. Versucht es einmal!

17. Könnt ihr die Matten miteinander wieder so zum Mattenwagen bringen, wie ihr sie geholt habt?

Im Wurfgarten

Lernziele

1. Die Kinder regen den Kreislauf an mit der Malstange (dem Staffelholz).

2. Sie üben den Schlagwurf in einem lustigen Wurfgarten.

I.

1. Die Malstäbe (Staffelhölzer) sind in der Halle verteilt. Die Kinder laufen in Kurven um sie herum.

2. Zwei oder drei Kinder tragen im Gehen und Laufen einen Malstab (ein Staffelholz). Auf Zuruf auf eine andere Art tragen *(Abb. 104)!*

3. Die Stäbe liegen am Boden. Wer hat schnell zehn Stäbe übersprungen?

4. Pendelt zu zweit einen Stab hin und her. Vergrößert und verkleinert die Amplitude *(Abb. 105)!*

5. A hält die Stabspitze und läuft im Kreis rundum, während B am Ort das Ende überspringt.

6. Überspringt die liegenden Malstäbe auf zwei, drei oder vier „Beinen". Wer findet zehn verschiedene Arten des Überspringens? A zeigt sie B vor und umgekehrt *(Abb. 106).*

II.

Schon vor Stundenbeginn hat der Leiter auf beiden Längsseiten der Halle lustige Wurfziele bereitgemacht.

Beispiele:

- Glocke am Basketballkorb.
- Bunter Ballonstrauß.
- Kartongesicht mit offenem Mund.
- Büchsenturm auf Kasten.
- Buntes Tuch.
- Bunte Schachtel, Papierkorb.

Abb. 107

- Verschiedene Reifen.
- Keule auf Stuhl *(Abb. 107).*

Der Phantasie sind keine Grenzen gesetzt. In der Mitte der Halle ist ein Streifen, von dem aus auf beide Seiten geworfen werden kann, den man aber nicht übertreten darf.

1. Jedes Kind hat einen Softball und ein Spielband um die linke Fessel gebunden (für Rechtshänder). Dieses „Spielbandbein“ muß beim Werfen immer vorn sein *(Abb. 107).*

Die Kinder üben frei im Wurfgarten. Je nach Alter können verschiedene Aufgaben gestellt werden:

Abb. 108

2. Wer hat zuerst zehn Treffer, jeden auf einen anderen Zielgegenstand?

3. Welche Zweier-, Dreier-, Vierergruppe macht zusammen 20 Treffer?

4. Wer hat schnell alle Gegenstände getroffen? Allein oder in der Gruppe.

Gegenstände, die umgestürzt sind, müssen selbstverständlich wieder aufgestellt werden.

20. Stundenbild: Wer kann es zwanzigmal?

Lernziele

1. Die Kinder vertiefen an verschiedenen Stationen Fertigkeiten.

2. Sie sollen dabei ihre Kondition erleben.

Der Leiter stellt mit den Kindern alle ihnen bekannten Geräte auf: Reck, Matten, Ringe, Kästen, Malstäbe, Sprossenwände ausgeschwenkt. Bei jedem Gerät hängt eine Zeichnung mit einer Übung (oder Übungskombination) darauf, die die Kinder kennen.

Beispiel:

Am Kasten Mutsprung, Purzelbaum auf der Matte. An den Ringen Hin- und Herschaukeln im Stand. Auf den Matten Purzelbaum vorwärts. Insgesamt 10–15 Stationen!

1. Die Kinder wärmen sich auf, indem sie die einzelnen Geräte ruhig übersteigen, umlaufen, unterkriechen.

2. Die Kinder üben an den einzelnen Stationen, bis der Leiter nach ca. 30 Sekunden „Wechsel“ ruft. Wahl der Geräte frei!

3. Nun versuchen die Kinder, jede gewählte Übung 20mal zu machen. Wer es geschafft hat, darf sich beim Leiter melden oder auf einem Plakat bei seinem Namen ein Zeichen machen.

4. Im letzten Teil der Stunde gehen immer zwei Kinder miteinander an eine Station und sammeln zusammen 20 „Punkte“. Der Würfel entscheidet, zu welcher Station sie gehen dürfen.

5. Ein beruhigendes Spiel schließt die Stunde ab (z. B. Boccia): Je vier Kinder stehen mit Bällen auf der Schmalseite der Halle. Auf der gegenüberliegenden Seite liegt ein

Gegenstand (Turnschuh, Trainerjacke, Medizinball). Ein Kind nach dem anderen rollt seinen Ball nahe an das Ziel. Wer ihm am nächsten kommt, hat gewonnen.

Wie die Seiltänzer

Lernziele

Die Kinder üben sich im Gehen auf der Schwebekante und brauchen ihre Kraft in „Kraftspielen".

I.

1. In Gruppen drehen die Kinder mehrmals leise die Bank: Einmal ist die Breitseite oben, einmal die Schmalseite.

2. Je zwei Kinder machen gemeinsam eine Übung auf der Breitseite vor, die anderen machen nach (Erwärmen!).

3. Die Kinder versuchen nun auf der Schmalseite (Schwebekante) zu gehen. Zwei Kinder zu beiden Seiten geben durch Handfassung Hilfe *(Abb. 108).*

4. Wie kommt ihr allein über die Bank? Körper aufrecht, Arme in Seithalte! Könnt ihr den Fuß von der Spitze her abrollen wie ein Seiltänzer *(Abb. 108)?*

5. Wer kann im Gehen noch einen Ball auf dem Kopf mittragen *(Abb. 108)?*

6. Wer kann den Ball einmal auf oder neben der Schwebebank prellen ohne hinunterzufallen? Versucht noch andere Kunststücke mit dem Ball *(Abb. 109)!*

7. Auf der Schwebekante durch einen Reifen schlüpfen. Das ist schon „Hohe Kunst" *(Abb. 109).*

8. Versucht noch ohne Handgerät in der Mitte eine halbe Drehung zu machen und rückwärts zu gehen. Zuerst mit Hilfe!

9. Wer wagt auch eine ganze Drehung?

II.

1. Tauziehen. Welche Gruppe erreicht zuerst den einige Meter entfernten Malstab?

2. Aufstellung an gegenüberliegenden Wänden der Halle. Auf „Los" Lauf zum Seil, wo das Ziehen beginnt.

3. Hinkkampf: Alle Kinder stehen auf einem Bein mit verschränkten Armen in einem Kreis. Durch Stoßen mit den

Abb. 109

Schultern und durch geschicktes Ausweichen versuchen sie, einander aus dem Kreis zu treiben. Wer von einem Bein auf das andere wechselt, muß hinaus, ebenfalls, wer mit einem Fuß den Boden außerhalb des Kreises betritt.

Wir bewegen uns vielseitig mit dem Reifen (Fahrradschlauch)

1. Ein Fängerpaar hält einen Reifen und jagt so die anderen, welche ohne Reifen flüchten. Der erste Gefangene hilft mit einem zweiten Reifen jagen *(Abb. 110).*

Abb. 110

Abb. 111

Abb. 112

2. Zu viert an einem Reifen: Mit gestreckten Armen gemeinsam absitzen und aufstehen.

3. Zu viert laufen. Die Führung wechseln. Welcher Gruppe gelingt das gut *(Abb. 111)?*

4. Zu viert in Bauchlage: Den Reifen hochheben.

5. Ein Kind in Bauchlage hält den Reifen und wird von zwei anderen in der Turnhalle herumgezogen. Im Freien gehen zwei Kinder gegen den Widerstand des dritten *(Abb. 112).*

6. Zu zweit über einen Reifen steigen und ihn anschließend über die Hochhalte führen, ohne ihn loszulassen.

7. A und B stehen im Reifen. Reifen in Bauchhöhe: Ziehkampf.

8. Plätze stehlen: Je zwei Kinder stehen in den kreisförmig angeordneten Reifen, zwei Diebe in der Kreismitte. Auf ein Zeichen müssen die Reifen gewechselt werden. Dabei versuchen die Diebe, einen Platz für sich zu gewinnen *(Abb. 113).*

a) Die Paare müssen beim Wechsel immer zusammenbleiben.

b) Beim Wechsel muß sich jeder einen neuen Partner suchen.

9. Ball über die Schnur.

Hinweise:

– Die Schnurhöhe den Kindern anpassen.

– Hänge an die Schnur Spielbänder.

– Bilde Dreiergruppen mit entsprechend kleinen Spielfeldern (im Freien Sägemehlstreifen).

– Setze die älteren Kinder als „Schiedsrichter"/Punktezähler ein: Die Gruppe, die zuerst zehn Fehler gemacht hat, hat verloren.

– Die Gruppen auswechseln, die gegeneinander spielen.

Seilspaß

1. Rundseil, die Einser sitzen und halten das Seil, die Zweier stehen außen: Die Zweier schlüpfen durch ihre Lücke in den Kreis unter dem Seil durch, durch die nächste rechte Lücke wieder aus dem Kreis hinaus, durch die übernächste wieder hinein usw. Welcher Zweier ist zuerst wieder auf seinem Platz? Dann versuchen es die Einser.

– Wer kann dem nächsten beim Durchschlüpfen einen Klaps geben?

– Wer teilt die meisten „Schläge" aus?

– Wir können auch immer über das Seil springen oder hineinspringen, hinauskriechen.

Abb. 113

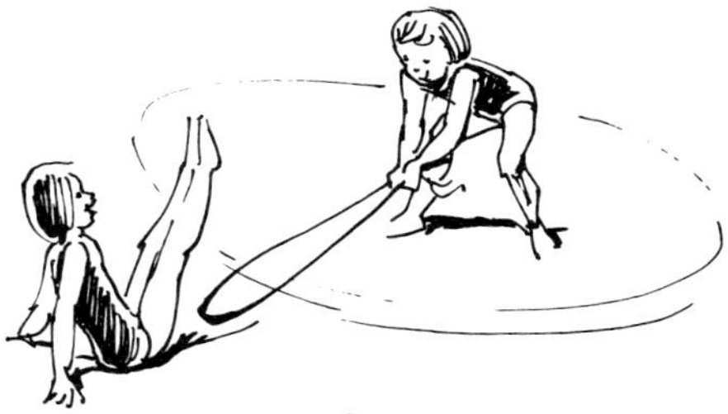

Abb. 114

Abb. 115

– Wer kann in den Kreis springen und aus dem Kreis kriechen, ohne das Seil zu berühren? Wer kommt fehlerfrei wieder auf seinen Platz?

2. Paar: A im Strecksitz. Er hebt jedesmal die gestreckten Füße, wenn B das Seil unten durchschwingt *(Abb. 114).*

3. Paar: A schwingt das an beiden Enden gefaßte Seil im Stand um sich, B hüpft mit Hasenhupf durch *(Abb. 115).*

4. A in der Hocke hüpft jedesmal über das Seil, wenn B (im Fersensitz) es unter seinen Füßen durchschwingt.

5. A faßt das Seil an einem Ende und läßt es wie eine Schlange tanzen. Können B und C der Schlange auf den Schwanz treten? Wer es fertigbringt, darf sie tanzen lassen.

6. Schaukel: Im Stehen vierfach zusammengelegtes Seil spannen, sich setzen, rückrollen, vorrollen, aufspringen. Beim Rückrollen schlüpfen die Beine über das Seil. Beim Vorrollen wird das Seil über den Rücken und Kopf gezogen. Zuerst übt A, dann B.

7. A nimmt ein Seilende in je eine Hand. B hält sich an der Schlinge: Gemeinsam absitzen oder hocken und aufstehen. Arme ganz strecken. Rückwärtslehnen. Auch wechselweise.

8. Wilde Pferde fangen: Drei Fänger fangen mit ihrem „Lasso" die Wildpferdchen ein. Wie lange brauchen sie, bis sie alle galoppierenden Pferde gefangen haben? Wer kann die meisten fangen und in seinen Stall führen *(Abb. 116)?*

9. A schwingt das Seil über dem Kopf, B beugt und streckt sich.

10. A in Rückenlage, Arme in Hochhalte, er faßt das Seil schulterbreit. B sitzt hinter A und faßt in je einer Hand ein

Abb. 116

Abb. 117

Seilende. A rollt mit seinen Beinen rückwärts bis zum Berühren des Bodens mit den Fußspitzen. B spannt das Seil.

11. Köpfe weg – Füße weg! Spielfeld beliebig lang, aber nur Tau- bzw. Seillänge breit. Spieler im Feld frei verteilt. Zwei Läufer spannen das Seil und rufen, ehe sie am Spielfeld entlangsausen, die Warnung: „Köpfe weg!“ Wer sich nicht rechtzeitig bückt, muß die Läufer ablösen. Wenn sie rufen „Füße weg!“, müssen alle schnell hochspringen, wenn das Seil kommt.

12. Zwei Gruppen, jedes Paar hat ein Seil. Das erste Paar spannt sein Seil, das zweite springt drüber, läuft, spannt sein Seil; das dritte Paar springt über das erste und zweite Seil, läuft und spannt sein Seil; das vierte Paar springt über das erste, zweite und dritte Seil, läuft usw. *(Abb. 117).*

Wenn das ursprünglich erste Paar über alle Seile gesprungen ist, ist die Gruppe fertig.

Ball- und Tauplausch

Lernziele

1. Die Kinder üben Prellen, Rollen, Werfen in erschwerten Verhältnissen.

2. Sie probieren ihre Kraft am Tau aus.

I.

1. Im Slalom zwischen den Tauen und um entfernte Malstäbe laufen, dann über Bänke gehen.

2. Wie 1., aber mit einem Ball. Prellt ab und zu den Ball!

3. Überlegt, wo ihr den Ball nur ab und zu prellt, und wo ihr ihn regelmäßig prellt. Zum Beispiel: Im Lauf zwischen den Tauen nur wenig prellen, um den Malstab herum regelmäßig prellen, auf dem Weg zum Malstab nur einen Preller, neben der Bank gehen und auf der Bank regelmäßig prellen. Versucht bei jedem Durchgang neue Möglichkeiten aus. Geht auch im Paar. A zeigt vor, B macht nach.

4. Wie 3., verändert jetzt noch eure Gangarten. Wechselt ab zwischen Gehen, Laufen, Hüpfen. Geht vor-, rück- und seitwärts!

5. Wechselt ab zwischen Prellen und Rollen.

6. Je zwei Kinder stehen zu beiden Seiten der Taulücken hintereinander, pro Gruppe einen Tennisball. Werft einander den Ball zu. Gegenbein vor! Nach dem Wurf lauft ihr nach hinten.

7. Wie 6., aber nach dem Wurf lauft ihr auf die Gegenseite! Vergrößert und verkleinert die Wurfabstände, aber den Ball jedesmal erlaufen, ihn nicht fallen lassen. Streckt ihm die Arme weit entgegen und zieht die Hände mit dem Ball schnell gegen die Brust an.

8. Je zwei Kinder einander gegenüber mit einem Tennisball vor der Taureihe. Bewegt euch mit Galoppschritten seitwärts und werft euch bei jeder Taulücke den Ball zu. Gestaltet zusammen auch den Weg um die Malstäbe und Bänke.

II.

Die Bänke stehen zu beiden Seiten der Taue. Differenzierte Abstände!

Am Tau:

1. Die Leiterin zeigt: Das Tau mit Zwiegriff in Kopfhöhe fassen. So weit als möglich rückgehen. Vorwärts laufen, Füße weit voraus. Auf der Bank landen. Beim Stand auf der Bank gestreckt sein: Tau und Körper sind wie ein Bogen gespannt. Probieren lassen *(Abb. 118)!*

2. Lauft leise auf den Fußballen.

Abb. 118

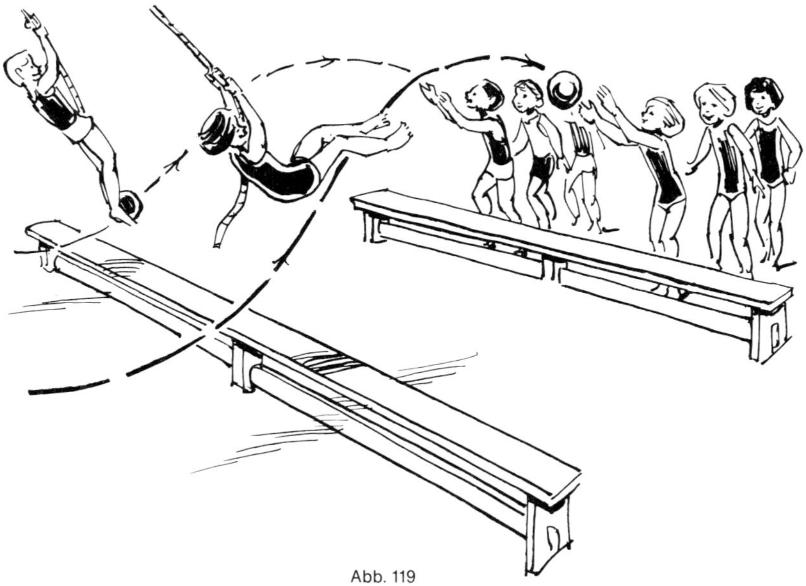
Abb. 119

3. Lauft zu zweit gleichzeitig zusammen. Lauft mit dem Rhythmus: „Und – lauf, lauf, lauf zur Bank und steh – Tau weg – lauf weiter um den Malstab."

4. Sprung ans Tau. „Affenschaukel". Vorlaufen zur „Affenschaukel". Mehrmals hin- und herpendeln lassen.

5. Start auf einer Bank, „Affenschaukel" zum Landen auf der zweiten Bank.

6. Wer kann von der ersten Bank einen Ball mit den Füßen mitnehmen und ihn einem Kind über die zweite Bank zuwerfen *(Abb. 119)*. Auch als Wettkampf. Jeder Ballfang ist ein Punkt. Helft einander beim Start!

Welche Gruppe hat zuerst 15 Fangbälle?

Das Ponypferdchen

Schallplatte FIDULA FON 1191.

Lernziel

Die Kinder sollen das Singspiel gestalten und erleben.

1. Mit schnellen, federnden Schritten durcheinanderlaufen. Eigene Wege wählen, nicht anstoßen.

2. Der Leiter und einige Kinder klatschen, damit alle im gleichen Tempo gehen und laufen.

3. Sprecht im Lauftempo:

Lauf, lauf, kleines Pferd,
Lauf, lauf, Ponypferd
über Stock und Steine
und brich kein's der Beine!

4. Klatscht den Reim, ohne zu sprechen.

5. Klatscht den Vers in drei Gruppen, daß keine Pausen entstehen.

6. Könnt ihr zu diesem Vers laufen und klatschen? Versucht es zu zweit. Zuerst A, dann B ohne Zwischenpause. Versucht, mit dem letzten Wort des Verses eure Bewegung abzubrechen, stillzustehen.

7. Sucht zu zweit oder in Kleingruppen noch andere Verse, die gleich lang sind und mit Pferdchen etwas zu tun haben. Klatscht sie und lauft dazu im Wechsel.

8. Wir reihen jetzt zwei Verse aneinander (= zweimal 16 Schritte). Einen Vers gehen, den anderen traben wir. Geht

und lauft wie junge Pferde: federnde Schritte und leichtes Traben.

9. Bildet Zweier-, Dreier- oder Vierergespanne! Ein Teil der Kinder bildet das „Orchester" mit Schlaghölzern, Schellenbändchen usw. Die Orchesterleute beraten mit dem Dirigenten, wie sie ihre Instrumente einsetzen wollen. Die Fuhrmänner besprechen mit den Pferdchen den Weg, den sie gehen wollen. Dann geht's los!

10. Nach dieser Vorbereitung sollten die Kinder bereit sein, die Teile A-B-C auf der Platte rasch zu erfassen. Mit dem Leiter besprechen sie noch, wie sie das Lied räumlich gestalten wollen.

a) Jede Gruppe frei.

b) Die ganze Gruppe zusammen.

Das „Orchester" sollte auch mitspielen, wenn mit der Platte getanzt wird.

Abb. 120

Ponypferdchen

Aus Portugal
Deutscher Text:
Liselotte Holzmeister

Abb. 121

2. Sattel' mir mein Pony früh am Morgen,
wenn es taut vom Himmel,
wenn im Hof sich alle Pferde tummeln,
Rappe, Fuchs und Schimmel.
Weit übers Land ...

3. Meinem Jony noch ein Zuckerstückchen
und dann geht's ins Weite.
Und das Ponypferdchen wiehert,
wenn ich singe, wenn ich reite.
Weit übers Land ...

Abb. 122

Aufstellung: Zu zweien, dreien oder vieren (Pferdegespanne!) auf der Kreisbahn oder frei im Raum verteilt.

Tanzform

Teil A: Gehschritte.

Teil B: Leichte Laufschritte oder Hopserhüpfe, mit dem freien Arm Peitsche knallen *(Abb. 120).*

Teil C: Zu Tamburin-, Schlaghölzer- oder Rasselbegleitung kann zwischen den Liedstrophen jedes Kind allein herumhopsen (Galopphupf oder Rösslisprung), um sich zum Schluß wieder zu seinem „Gespann" einzuordnen.

Drehen und Springen

Lernziele

1. Die Kinder erleben den drehenden Reifen.

2. Sie üben ihre Sprungkraft in einem Reifengarten und machen Weitsprünge mit Hilfe der Zauberschnur.

I.

1. Auf dem Boden liegen Reifen, einige weniger als Kinder.

Zwischen den Reifen durchgehen und laufen. Ist das Tamburin still, schnell in einen Reifen stellen. Wer erwischt einen?

2. Um den drehenden Reifen hopserhüpfen. Liegt er am Boden, sind unsere Beine ganz ruhig.

3. Dreht alle Reifen. Keiner darf auf dem Boden liegen. Probiert sie zu drehen, ohne das Laufen zu unterbrechen.

4. Probiert in die drehenden Reifen zu springen, auch zu überspringen und dann noch neu anzudrehen *(Abb. 121).*

5. Dreht die Reifen und hüpft zwischen allen durch ohne anzustoßen. Ist euer Reifen am Boden, sollt ihr gleichzeitig in ihm stehen.

6. Zwei Kinder stehen mit zehn Meter Abstand voneinander entfernt. Jedes läuft fortgesetzt von einem Reifen zum andern und dreht ihn an *(Abb. 122).*

7. Jedes Kind versucht, seinen Reifen durch die Halle zu rollen. Probierphase!

Abb. 123

Abb. 124

II.

Die Kinder legen Reifenwege mit 8–10 Reifen und stellen sich in kleinen Reihen (Kolonnen) dahinter auf.

1. Über die Reifenwege laufen *(Abb. 123).*

2. Alle Möglichkeiten des Laufens ausprobieren.

3. Jeden zweiten Reifen seitlich verschieben: Laufen *(Abb. 123).*

4. Jede Gruppe legt die Reifen, wie sie will und sucht immer neue Arten des Laufens und Springens.

5. Reifengarten. Alle Reifen werden unregelmäßig auseinandergezogen. Die Kinder suchen sich Wege von einer Seite zur anderen. Wer kommt mit langsamen aber hohen Sprüngen durch? Wer kann mit „Siebenmeilenstiefeln“ rasch über die Reifen springen? Immer in die Reifenmitte springen *(Abb. 123)!*

6. Zwei tiefgehaltene gleichlaufende Zauberschnüre bilden einen „Bach“. Wer kann darüberspringen und weich landen? Rückweg außen herum.

7. Die Schnüre werden in Winkelstellung gebracht. Wir versuchen immer größere Sprünge. Wer kommt an der breitesten Stelle darüber *(Abb. 124).* In der Halle Matten legen. Auf beiden Füßen gleichzeitig landen. Tief gehen!

Kopf unten – Beine oben

Lernziele

1. Die Kinder wärmen sich mit dem Seil ein und probieren verschiedene Geschicklichkeiten mit dem Partner aus.

2. Sie lernen und üben Purzelbäume, Kopfstand, Kerze, Handstand.

I.

1. Die Kinder legen Seile als Kreise auf den Boden und stehen in der Mitte. Auf Zuruf Platzwechsel. Wer kann unterwegs einem Partner noch einen leichten Klaps auf die Hinterseite austeilen und findet doch schnell einen neuen „Reifen“?

2. Liegestütz, Füße in der Kreismitte. Die Hände marschieren im großen Bogen um den Kreis herum.

3. Seitwärts hin und her über das Seil hüpfen.

4. Um das Seil gehen, auf Zuruf in der Gegenrichtung weitergehen.

5. Fersensitz, Seil vierfach über den Kopf halten: Sich in den Kniestand strecken *(Abb. 125).*

6. Grätschsitz, Seil vierfach zwischen den Füßen: Beine in der Luft schließen und auf dem Boden grätschen. Leise *(Abb. 125)!*

Abb. 125

Abb. 126

7. Strecksitz, Seil vierfach auf dem Rücken mit beiden Händen gefaßt: Arme rückhoch strecken, Kopfheben *(Abb. 125).*

8. Rundseile. Wer es schon gut kann, probiert es mit einem Partner.

- A geht voraus, B denselben Weg.
- A und B laufen mit einem Seil.
- A hüpft am Ort, B springt in das kreisende Seil hinein und hinaus *(Abb. 125).*

II.

Drei Kinder an einer Matte:

1. Purzelbaum vorwärts mit Strecksprung. Schaut geradeaus! Kontrolliert einander beim Strecksprung. Die Zehen sollen auch gestreckt sein.

2. Purzelbaum rückwärts. Gebt einen leichten Drehstoß, wenn es nötig ist.

- Landet in der Kauerstellung und steht dann im Gleichgewicht auf.

- Lauf noch leicht und elastisch einen Raumweg.

3. Versucht nochmals den Kopfstand an der Mattenecke. Zwei Kinder geben Hilfe. Sie fassen je einen Unterschenkel mit Klammergriff *(Abb. 126).*

4. Könnt ihr alle drei zusammen eine Kerze ausführen, so daß ihr immer gleich weit seid in der Bewegung? Setzt euch nebeneinander auf die Längsseite der Matte *(Abb. 126).*

5. Verteilt euch auf drei Seiten. Die Hände sind schulterbreit auf dem Boden, die Füße auf der Matte. Zappelhandstand. Die Arme bleiben gestreckt, die Beine zappeln in der Luft. Wer zappelt am längsten?

6. Zwei Partner stehen sich auf Armlänge gegenüber. Das übende Kind setzt die Hände zwischen seine Füße und schwingt ein Bein nach dem anderen gestreckt hoch. Die Helfer erfassen schnell je einen Oberschenkel im Zwiegriff.

Merkt euch für den Handstand:

- Die Arme sind immer gestreckt.
- Die Hände stützen schulterbreit auf.
- Bauch-, Gesäß- und Beinmuskeln sind gespannt.
- Die Augen schauen immer an die Hände.
- Die Füße sind in der Luft zusammen.
- Ein Bein nach dem anderen landet leise auf dem Boden.

Sprecht diese Sätze zweimal durch!

7. Übt einen Handstand mit Partnerhilfe am Mattenrand und macht anschließend einen Purzelbaum vorwärts mit Strecksprung.

Abb. 127

Abb. 128

Die Zauberschnur regt zum Hochsprung an

Lernziele

1. Die Kinder lernen die Abstände halten beim Gehen in einer Zweierreihe(-kolonne).

2. Die Kinder versuchen sich im Hochsprung.

3. In vielen Tummelsprüngen sammeln sie „Sprungerfahrung".

I.

1. Die Kinder gehen in Zweierreihe(-kolonne). Könnt ihr auf „Halt" sofort anhalten? Mehrmals üben. Es darf beim Anhalten keine „Löcher" in der Reihe (Kolonne) geben. Nach „Halt" läuft das hinterste Paar vor. Immer mehrere Paare vorschicken, dann wieder gehen.

2. Auf allen vieren vorwärts gehen und laufen, dabei immer mit einem Bein ausschlagen.

3. Grätschsitz: Tiefes Rumpfvorbeugen. Wer kann es im vorgegebenen Rhythmus „Beugen – wippen – entspannen!"

4. Hockstand: Vier Hüpfer nach rechts, vier Hüpfer nach links. Mehrmals!

5. Knieliegestütz: Mit dem Kinn den Boden zwischen den Händen berühren. Wer kann den Rücken gut durchstrecken?

6. Freies Gehen im Wechsel mit Anfersen am Ort zu Paaren.

II.

1. Aufstellung im Schwarm: Freie Sprünge über quergespannte Zauberschnüre oder Gummisprungseile. Probiert verschiedene Sprünge aus!

2. Springen in Vierergruppen: Zwei Kinder halten ein Springseil und wechseln mit zwei springenden Kindern in ihrer Aufgabe ab. Keine Leistungssprünge *(Abb. 127)!*

3. Schräg gehaltene Zauberschnur auf weichem Rasenboden; besser vor der Langseite einer Sprunggrube oder vor einem Mattenband: Individuelle Leistungssteigerung durch freie Wahl der Seilhöhe, fließender Betrieb. Technik: Hocksprung *(Abb. 128).*

4. Fortgesetzte Spreizsprünge links und rechts über längsgespannte Zauberschnüre in angemessener Höhe. Wer kann zwischen den Sprüngen immer drei Schritte laufen und so fließend hin- und herspringen?

5. Offener Innenfrontkreis. Die Hälfte der Kinder spannen Zauberschnüre in Hüfthöhe. Wer kann mit fortgesetzten Spreizsprüngen rechts und links um den ganzen Kreis springen? Wer kann es schön fließend ohne Unterbrechung *(Abb. 129)?*

Zum Schluß der Stunde spielen wir noch „Wer hat geworfen?" In einem Innenfrontkreis von sechs Kindern sitzt ein Kind und schaut zu. Die Kreisspieler werfen sich einen großen Softball zu, und dann trifft eines einmal das zuschauende Kind. Wer hat den Ball geworfen?

Abb. 129

Abb. 130

Spiel – Spielen – Spiel

Lernziele

Die neuen Spiele, die die Kinder kennenlernen, regen ihre Fantasie an. Die Kinder erleben sich in jedem Spielgang in einer bestimmten Rolle. Sie laufen um das Leben, erfahren Täuschungen und Geborgenheit, Trauer und Freude.

1. Herr und Hund:

Partnerspiel. Ein Spieler ist der Herr, der andere der „Hund". Der „Hund" muß stets am linken Fuß des Herrn stehen. Nun wechselt der Herr durch schnelle kurze Läufe und Drehungen in allen Richtungen den Platz. Wenn er stillsteht, muß sich der „Hund" bei „Fuß" einfinden. Sobald der Hund da ist, läuft der Herr von neuem weg. Rollen tauschen *(Abb. 130).*

2. Komm mit – Lauf weg!

Innenstirnkreis. Ein Kind läuft außen herum und gibt einem Mitspieler mit dem Ruf: „Komm mit" oder „Lauf weg" einen Schlag auf den Rücken. Je nachdem läuft der Geschlagene hinter dem Schläger her oder in Gegenrichtung um den Kreis. Wer zuerst in der Kreislücke steht, hat gewonnen. Der Verlierer spielt als „Schläger" weiter *(Abb. 131).*

Auch in zwei bis drei Kreisen und mit verschiedenen Gangarten spielen.

3. Speck im Keller:

In der Mitte ist der Keller mit dem Speck (Spielbänder) ausgelegt. Um den Keller herum streichen drei Katzen. Die Mäuse außerhalb des großen Kreises versuchen in den Keller vorzudringen und dort Speck zu holen (ein Band pro Gang). Dabei müssen sie den Katzen ausweichen, die sie fangen wollen. Eine gefangene Maus muß absitzen. Sie kann

Abb. 131

Abb. 132

von freien Mäusen an den Beinen aus dem großen Kreis abgeschleppt werden. Gelingt dies, ohne daß die Katzen die Befreier fangen, so ist die Maus wieder frei. Wer holt am meisten Speck *(Abb. 132)?*

4. Rollball im Kreis:

Die Kinder stehen außerhalb eines großen Spielkreises und versuchen, ein bis drei Innenspieler durch rasches Rollen von 2–3 Bällen an den Unterschenkeln zu treffen. Wer trifft, löst den Getroffenen im Kreis ab. Übertreten der Kreislinie oder Werfen des Balles machen einen Treffer ungültig.

5. Dreh' dich um:

Ein Kind steht mit dem Gesicht gegen eine Wand. Die Mitspieler schleichen in seinem Rücken von einer etwa 12 m entfernten Linie heran. Wer vom Wächter, der sich beliebig drehen darf, beim Gehen gesehen wird, muß auf die Startlinie zurückkehren. Wer den Wächter berühren kann, darf ihn ablösen.

Das Spiel läuft nur in überblickbaren Gruppen von ca. 5–6 Spielern; es sind also mehrere Spielabteilungen zu bilden. Lustig wird das Spiel mit Anschleichen auf allen vieren.

Es ist gut, wenn der Leiter nach den Stunden noch kurz mit den Kindern zusammensitzt. Die Kinder sollen sich äußern, was ihnen gefallen hat, wo sie evtl. Ängste erlebt haben. Die Kinder verbalisieren auch gern den Stundenverlauf.

30. Stundenbild an 30 Stationen

Lernziel

Die Kinder sollen zu Paaren ihre Turnstunde selber gestalten. Es stehen ihnen 30 bekannte Stationen zur Verfügung.

Bei jeder Station ist eine Anregung gezeichnet. Es kann diese Aufgabe oder etwas anderes geturnt werden. Beim Verlassen der Station – zeitlich freigestellt – muß das Material wie zu Beginn dort liegen.

1. Bank: Gehockte Wende.
2. Matte: Purzelbaum.
3. Springseil: Tanzende Schlange.
4. Ring: Schaukeln im Sitz.
5. Schwebebalken: Balancieren.
6. Malstäbe und Ball: Prellen und Hüpfen.
7. Kasten: Klettern und Tiefsprung.
8. Spiel: Dreh dich um.
9. Matte: Kerze, Handstand.
10. Reifen: Drehen und hineinspringen.
11. Reck: Übersteigen.
12. Sprossenwand ausgeschwenkt: Übersteigen.
13. Schnur: Hochsprung.
14. Ball: Rollen und Werfen.
15. Matte: Kopfstand.
16. Bank: Unterkriechen.
17. Seil: Rundseile, Springen zu Paaren.
18. Schachteln: Spielen und Bauen.
19. Seil/Matte: Weitsprung.
20. Ball/Basketkorb: Zielwurf.
21. Ringe: Schaukeln im Stand.
22. Matte: Rolle rückwärts.
23. Bank an Sprossenwand: Steigen.
24. Plakat mit Gesicht: Zielwurf.
25. Keule und Ball: Zielrollen.
26. Zwei Matten: Purzelbaum vorwärts, ½ Drehung und Purzelbaum rückwärts.
27. Spielband: Übersteigen.
28. Singspiel: Liebe Schwester.
29. Medizinball und vier Tennisbälle: Boccia.
30. Bank-Mattenkombination: Steigen.

Abb. 133

Abb. 134

Die Stangen hinauf wie im Zoo

Lernziele

1. Die Kinder werden mit den Kletterstangen vertraut und probieren Kletterarten aus.

2. Sie schauen, ob Kinder ihre Hilfe nötig haben.

I.

1. Freies Laufen und Hüpfen. Auf Zeichen absitzen, auf dem Gesäß rundum drehen und mit ausgebreiteten Armen wie ein Kreisel drehend aufstehen, ohne sich gegenseitig zu berühren.

2. Kerze: A und B mit Handfassung gegeneinander. Gemeinsam absitzen, Abrollen in die Kerze, Kipplage, Vorrollen und mit Handfassung aufstehen *(Abb. 133)*.

3. Laufen: Wenn A in der Seitgrätschstellung ruhig steht, kriecht B unter den gegrätschten Beinen durch.

4. A und B in Vorschrittstellung, Handflächen aufeinander: Jeder stößt den anderen. Wer ist stärker?

5. „Stoßkarren“ zu zweit über kurze Strecken.

II.

1. Die Kinder lernen an den Kletterstangen vor- und rückwärts rollen. Immer so stehen, daß die Stangen vor einem sind. Üben!

2. Im Vierfüßlergang zwischen den Stangen durchkriechen.

3. Die Hände umfassen eine Stange, die Füße stemmen gegen die nächste oder gegen die Wand: Versucht so hinauf- und hinunterzuklettern! Helft einander durch Heben an den Hüften, wenn es nötig ist *(Abb. 134)*.

4. Jede Hand faßt eine Stange, die Füße stemmen ebenfalls gegen eine. Könnt ihr so hinauf- und hinunterklettern *(Abb. 134)*?

5. Springt an zwei Stangen hoch in den Beugehang und zappelt mit den Füßen. Wer bleibt am längsten oben?

6. Ihr dürft frei klettern. Abwärts nie gleiten lassen! Eine Hand ruhig unter die andere setzen.

Die Leiterin muß sich merken:

1. Es gibt an den Stangen keine Wartezeiten in den Reihen (Kolonnen)! Stationen aufstellen, an denen die Kinder üben, bis die nächsten das Üben an den Stangen beendet haben. Die Übungen an den Stationen sollen bekannt sein.

2. Die Kinder dahin erziehen, daß sie sofort einander helfen durch Stoßen und Unterstützen. Keine auslachenden Zuschauer!

Abb. 135

Abb. 136

Freude mit dem bunten Tuch

I.

Die Kinder bringen ein buntes Tuch mit.

1. Sie laufen kreuz und quer durch die Halle und lassen die Tücher flattern. Das Tuch auch wegflattern lassen und ein anderes vom Boden aufnehmen *(Abb. 135).*

2. Das Tuch im Gehen in alle Richtungen bewegen. Wer findet viele Arten der Bewegung?

3. Paarweise in einer Reihe gehen, das vorderste Paar bestimmt, wie das Tuch getragen wird. Die Leiterin singt ein Lied. Wenn sie das Lied unterbricht, läuft das vorderste Paar nach hinten.

Abb. 137

4. Die Kinder schwingen die Tücher über den Boden. „Große Turnhallenreinigung" *(Abb. 136)!*

5. Ein Kind schwingt das Tuch vor sich auf dem Boden hin und her, ein zweites springt darüber.

6. Zwei Kinder stehen sich gegenüber und fassen die Enden des eigenen Tuches und das des Partners: Rück- und Vorziehen. Langsam und schnell. Auch im Gehen.

7. Ein Kind wirft das Tuch hoch, das zweite muß es mit einem Körperteil fangen. Der Werfer kann auch rufen, mit welchem Körperteil gefangen werden soll.

8. Die Kinder versuchen, mit dem Tuch „Schläge" auszuteilen. Wer kann gut austeilen und erwischt die anderen oft, bekommt aber selber keine?

9. Wer kann das Tuch schnell in beide Hände verstecken, daß man nichts mehr davon sieht? Wer kann das mit den Füßen? Mehrmals.

10. Alle laufen kreuz und quer durch die Halle. Wenn die Leiterin „Rot" ruft, laufen alle mit (hauptsächlich) roten Tüchern zusammen. „Gelb" usw. Wieder laufen.

11. Je vier Kinder stehen nebeneinander. Die Tücher sind auf dem Boden, die Hände darauf. Wer fährt zuerst mit dem Tuch über den nächsten Strich *(Abb. 137)?*

12. Zwei Kinder halten zusammen ein Tuch. Welches Paar läuft schnell um den entfernten Malstab und zurück?

13. Je vier Kinder „verkleiden" sich mit ihren Tüchern. Sie

Abb. 138

Abb. 139

beraten, wie sie ihre Rolle den anderen vorführen wollen. Auf einer improvisierten „Bühne“ werden Berufe oder Zauberkünste gezeigt. Die Zuschauer erraten, was dargestellt wird.

II.

Im zweiten Teil stehen den Kindern zur Auswahl:

1. „Gummitwist“ spielen.
2. An den Stangen verschiedene Kletterarten üben.
3. „Boccia“ spielen.

Die Kinder „reifeln“ durch die Turnstunde

1. Die Hälfte der Kinder ist in der Turnhalle verteilt und hält einen Reifen horizontal. Die anderen laufen zwischendurch, steigen in die Reifen hinein und hinaus *(Abb. 138).*

2. Wie 1., aber die Reifen werden vertikal gehalten, jetzt durchschlüpfen. Jedes Kind löst auf eigene Initiative ein anderes ab *(Abb. 139).*

3. Zwei Kinder liegen in Bauchlage einander gegenüber und halten sich am Reifen fest: Beide rutschen vorwärts aufeinander zu und dann wieder zurück, bis die Arme gestreckt sind.

4. Ausgangsstellung wie bei 3., aber Reifen vertikal. Den Reifen hin- und herrollen.

5. Versucht auf dem Reifenrand zu gehen. Könnt ihr es auch mit geschlossenen Augen? Geht es auch rückwärts?

6. Zwei Kinder halten sich mit einer Hand am Reifen fest und laufen im Kreis. Auf Zuruf den Reifen schnell auf den Boden legen und hineinstellen. Wer ist Erster *(Abb. 140)?*

7. Den Reifen rollen: Seitgrätschstellung, eine Hand liegt auf dem Reifen, die andere quer hinter dem Reifen. Das Gewicht wird auf das hintere Bein verlegt, beugen. Mit dem Rollen vorwärts gehen. Übt es!

8. Wer kann den Reifen auf einer Linie geradeaus rollen? Könnt ihr ihn mit Handrücken und Handfläche in Kurven lenken?

Abb. 140

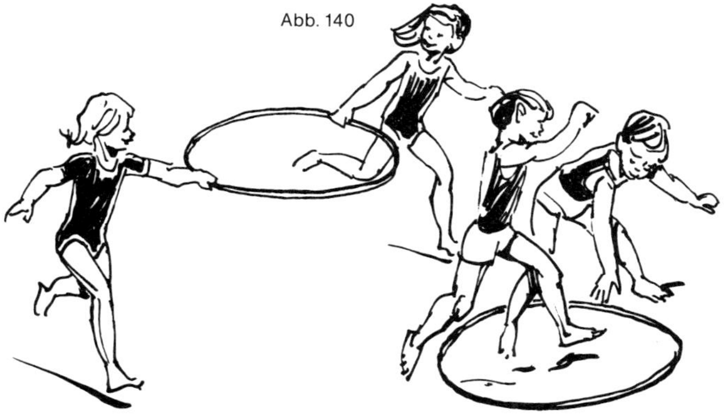

Abb. 141

9. Rollt zu Paaren die Reifen zu. Dreht sie dann und wechselt die Plätze, so daß ihr wieder zum Rollen bei eurem Reifen seid.

10. Kleine Reihen (Kolonnen). Das vorderste Kind hat einen Reifen. Es zieht ihn um einen entfernten Malstab und übergibt ihn dem nächsten.

11. Wie 10., aber im Reifen liegt ein Tennisball. Wer bringt den Ball – oder sogar zwei Bälle – gut in die Reihe (Kolonne) zurück *(Abb. 141)?*

12. Im Reifen steht ein Kind, ein anderes zieht oder stößt es um den Malstab. Wer ist schnell wieder am Platz? Bei allen Läufen mehrere Durchgänge!

Abb. 142

13. Die Reifen hängen an den Ringen. Differenzierte Höhen! Die Kinder versuchen ihre Tennisbälle durch die Reifen zu werfen. Welche Gruppe hat zuerst 30 Treffer?

14. Die Reifen liegen in der Halle am Boden verteilt. Ein Kind verfolgt ein anderes. Flüchtet dieses sich in ein „Nest", muß das drinstehende hinaus und wird verfolgt.

Auch mehrere Fangpaare.

Übungsverbindungen am Reck

Lernziele

1. Die Kinder lernen neue Reckübungen, die sie in vorgegebenen Rhythmen ausführen sollen.

2. Sie lernen sich einordnen und einander helfen.

3. Die Übungsverbindungen sollen ihr Selbstvertrauen stärken, spontanes Helfen soll selbstverständlich werden.

I.

1. Die Kinder sind in drei Gruppen eingeteilt. Ein Instrument oder das Tamburin spielt für jede Gruppe eine Musik oder einen Rhythmus: Laufen, Galopp, Tänzlein ($3/4$-Takt). Die Kinder hören, wann sie sich mit *ihrer* „Musik" bewegen müssen.

2. Grätschstellung: Rumpfbeugen seitwärts bis zum Berühren des Bodens mit der Hand über die gestreckten Knie.

3. Rückenlage: Die angezogenen Knie an die Nase führen und wieder leise ausstrecken.

4. Rückenlage: „Große Brücke". Sehr sorgfältig. Zwei Kinder stützen das übende Kind im Kreuz.

5. Die Knaben gehen zwischen den Mädchen durch. Auf Zeichen hüpfen sie in der Hockstellung einmal um sich. Wechsel!

6. Die Leiterin zeigt das Rad. Wer kann das auch?

II.

Die Reckstangen sind hüft- bis brusthoch eingestellt. Es arbeiten drei Kinder gleichzeitig an der Stange.

1. Sprung in den Stütz: Schultern tief, Beine durchgestreckt nach hinten. Leise in die Hocke abspringen. „Stütz – tief – stehn!"

Abb. 143

Abb. 144

2. Sprung in den Stütz: Mit einer Vierteldrehung tiefspringen. „Stütz – und Sprung!“

3. Zum Standhang vor- und zurücklaufen. „Lauf, lauf, vor – zurück und stehn!“ *(Abb. 142).*

4. Wie 3., aber vorn eine halbe Drehung machen und wieder vorlaufen *(Abb. 142).* Weit vorlaufen mit den Füßen: „Lauf, lauf, dreh – vor und stehn!“

5. Im Hang zwischen den Händen durch in den Kniestand senken und zurück („Rädchen“). Helft einander *(Abb. 143).*

6. Stütz: Felgabschwung. Auf der Matte einen Kreidekreis zeichnen. Am Anfang und Schluß müssen die beiden Füße in diesem Kreis sein. Zwei Kinder stehen auf der anderen Seite der Reckstange. Sie greifen mit den Händen über das Reck und halten je einen Unterschenkel des Übenden und führen den Übenden in den Stand (Kreidekreis, *Abb. 144).*

7. Probiert den Abschwung allein. Er ist dann gut ausgeführt, wenn die Füße leise im Kreidekreis landen und das Gesicht in Reckhöhe ist. „Stütz – drehen – stehn!“

8. Verbindet:

- Stütz und Tiefsprung.
- Lauf in den Hangstand und zurück.
- Stütz und Abschwung.
- Rädchen.

Versucht die Übungsverbindungen im vorgegebenen Rhythmus. Alle miteinander.

Das Spiel mit den Keulen und an den Ringen

I.

Mit Keulen: Der Leiter benennt zuerst die Keulenteile: Köpfchen, Hals, Bauch.

1. Zwei Kinder halten eine Keule (wer wo?). Sie laufen miteinander. Auf Zuruf stellen sie ihre Keule neben eine andere, bilden zu viert mit Handfassung einen Kreis und hüpfen um die Keulen. Dann wieder Lauf *(Abb. 145).*

Abb. 145

Abb. 146

Abb. 147

2. A springt über die Keule, B klatscht dazu. „Lauf, lauf, Sprung – und lauf . . .“

3. Sitz: A erfaßt die Keule mit den Füßen, macht eine Sitzdrehung und übergibt sie dann B mit den Füßen.

4. A und B rollen die Keule. Könnt ihr das gleichmäßig? Wie rollt die Keule?

5. A rollt die Keule, B überspringt sie.

6. Die Keulen stehen verteilt in der Halle. Die Mädchen laufen und legen alle um, die Knaben stellen alle wieder auf. Wer ist schneller? Wechsel!

7. Zwei Kinder liegen in Bauchlage einander gegenüber und halten die Keule. Welches Paar kann sich um die Längenachse drehen *(Abb. 146)?*

8. Im Paar eine Keule an einem anderen Ort aufstellen. Welches Paar kann schnell zehn Keulen wegtragen? Ihr müßt es gemeinsam tun.

II.

Die Ringe sind kniehoch eingestellt. Vierergruppen an einem Ringpaar.

1. Je zwei Kinder liegen nebeneinander in Rückenlage, fassen die Ringe und ziehen sich in den Beugehangstand. Zwei andere Kinder überspringen ihre Beine.

2. Zwei Kinder machen Liegestütz, Füße in den Ringen. Sie gehen nach rechts und links seit-, vor- und rückwärts und bellen einander an oder miauen *(Abb. 147).*

3. Ein Kind sitzt in den Ringen. Die anderen kriechen zwischen seinen Beinen durch. Wer kommt durch, ohne von den Füßen des Sitzenden sanft gepackt zu werden?

4. Ein Kind sitzt in den Ringen. Die anderen versuchen, einen Tennisball zwischen seinen Füßen durchzurollen. Wie viele Bälle kommen durch? Wie viele werden abgewehrt?

5. Ein Kind steht gegrätscht in den Ringen. Der Leiter gibt ihm leichten Schwung. Könnt ihr mehrmals untendurchlaufen und um den entfernten Malstab *(Abb. 148)?*

6. Wie 5., aber zwei Kinder stehen in einem Ringpaar. Könnt ihr in der Reihe (Kolonne) durch alle Beintore laufen und um die Malstäbe?

Springen – Steigen – Rollen

Lernziele

1. In dieser Übungsstunde soll vor allem die Gewandtheit der Kinder gefördert werden.

2. Die Freude der Kinder an ihrer Bewegung und an der Gruppe muß immer erstes Ziel sein.

Abb. 148

Abb. 149

I.

1. Die Kinder hören „Laufen“ und „Galopp“. „Laufen“ gehört den Mädchen, „Galopp“ den Knaben. Horchen, wer sich bewegen muß.

2. Mit der Bank. Reitsitz: Sich nach links beugen, Hände berühren den Boden *(Abb. 149).*

3. Rückenlage am Boden, Füße auf der Bank: Gesäß heben *(Abb. 149).*

4. Lauf um die Bank.

5. Bauchlage, Füße auf der Bank: Arme strecken in den Liegestütz *(Abb. 149).*

6. Quer über die Bank legen, Hände auf dem Boden: Arme vorhochheben mit Klatschen *(Abb. 149).*

7. In der Rückenlage sich über die Bank ziehen, untendurch zurück *(Abb. 149).*

8. Gehockte Wenden.

II.

1. Die Bänke werden an den Kästen eingehängt. Die Kinder bewegen sich frei an den Kombinationen (differenzierte Höhen). Überklettern, Übersteigen, Tiefspringen *(Abb. 150).*

2. Die Kinder suchen in Kleingruppen lustige Wege über die Hindernisse.

3. Die Gruppen verstellen die Kästen, Bänke und Matten, so daß neue Kombinationen, Wege und Übungen entstehen.

Abb. 150

Abb. 151

4. Nun machen wir gemeinsam eine Kastentreppe. Die Bänke stehen in Abständen davor, die Matten dahinter. Steigt über die Bänke, die Kastentreppe hinauf, springt aus dem Sitz auf die Matten ab zum Purzelbaum vorwärts, lauft um die Halle und zwischen den Kletterstangen durch. Keine Wartezeiten *(Abb. 151)!*

5. Je zwei bis drei Kinder starten miteinander: Gehockte Wenden über die Bänke.

– Aufstieg und Tiefsprung (Hilfe wenn nötig) an der Kastentreppe.

– Zwei Purzelbäume vorwärts mit Strecksprung auf die Matten.

– Lauf.

Wenn die ersten Kinder aufsteigen, starten die nächsten.

6. Wie 5., aber freie Sprünge über die Bänke, Mutsprung vom Kasten, Purzelbäume vor- und rückwärts.

Dürfen wir spielen?

Spielstunden sind für die Kinder immer eine besondere Freude. Die folgenden Spiele stellen eine Fortsetzung der Spiele in der Übungsstunde „Spiel – Spielen – Spiel" dar. Sie regen zu intensiven Läufen an.

1. Herr und Hund als Gruppenspiel:

Ein Meister hat jetzt immer zwei oder mehrere Hunde, die sich auf sein Zeichen rechts oder links, vor oder hinter ihm einzufinden haben. Gangart und Zielstellungen frei gestalten lassen. Das Spiel hat einen betont einordnenden Charakter und eignet sich besonders für die Stundeneinleitung oder zur Gruppenbildung *(Abb. 152).*

2. Komm mit – Lauf weg! Als Gruppenspiel in Sternaufstellung:

Gruppen in sternförmig angeordneten Reihen (Kolonnen) sitzend, liegend oder auf sternförmig zusammengestellten Langbänken mit Blick nach innen oder außen: Auf Abruf eines Kreisläufers: „Kommt mit!" oder „Lauft weg!" rennt die ganze Gruppe um den Kreis. Der zuletzt auf der freien Bank eintreffende Spieler wird neuer Kreisläufer *(Abb. 153).*

3. Wir kommen aus dem Mohrenland:

Variation von „Schwarzer Mann". Ein Drittel der Kinder, die Mohren, stehen an einer Grundlinie den Mitspielern auf der anderen Grundlinie gegenüber. Sie marschieren in Richtung Gegenseite und rufen in singtonartigem Sprechchor:

„Wir kommen aus dem Mohrenland und haben schwarze Ohren, die Sonne hat uns braun gebrannt, drum sind wir schwarz wir Mohren; Herr Meister gib uns Arbeit an, sonst sind wir ganz verloren." Gegenseite: „Was für eine?" Mohren: „Eine gute und feine." Gegenseite: „So zeigt was vor!"

Alle Mohren zeigen eine vorher vereinbarte Tätigkeit. Die Kinder müssen erraten, was die Mohren tun. Wenn eines die richtige Tätigkeit nennt, rennen die Mohren zu ihrem Laufmal und die Kinder versuchen, sie zu fangen.

Gefangene Mohren kommen zur Hauptgruppe.

Abb. 152

Abb. 153

4. Sitzball ohne Wurfvorschriften:

Spielfeld 1/2 bis 2/3 der Hallenfläche.

Wer die ins Spiel geworfenen Bälle (5–6) erwischt, versucht einen Mitspieler zu treffen. Jeder Getroffene sitzt ab. Wer den Ball fangen kann, ist nicht getroffen und spielt sofort weiter. Wer bleibt zuletzt übrig?

1. Variation: Sitzball mit Erlösen. Wenn ein sitzendes Kind den Ball erhaschen kann, ohne sich von der Stelle zu bewegen, so ist es erlöst und darf wieder mitspielen.

2. Variation: Wer getroffen ist, sitzt nicht ab, sondern erfüllt eine Aufgabe. Zum Beispiel:

- Die Sprossenwand hinaufklettern,
- einmal um die Halle laufen,
- fünf Liegestütze,
- dreimal den Hampelmann machen.

Wenn noch Zeit bleibt, dürfen die Kinder noch Spielwünsche anbringen. Knaben und Mädchen beraten zusammen, was sie wünschen wollen. Die Spieldauer ist dann z. B. zeitlich begrenzt.

Pferdchen am Pferd

Lernziele

1. Die Kinder lernen ein neues Singspiel.

2. Mit dem Reifen schulen sie Führen und Folgen.

3. Sie erleben ein neues Großgerät und üben vor allem Niedersprünge.

I.

1. Die Turnstunde beginnt mit dem Singspiel „Die Springer“.

Die Springer

Gehen im Kreis mit gefaßten Händen. Die Springer stehen außerhalb des Kreises. Bei „Kommt ein lustiger Springer herein" schlüpfen sie durch den sich drehenden Kreis in das Kreisinnere. Dort machen sie die Bewegungen, die im Liede vorkommen. Bei „Kommt, wir wollen tanzen" verbeugen sie sich vor einem Mitschüler auf dem Kreis und tanzen dann mit dem Auserkorenen herum. Hopserhüpfen (Einhängen oder Hände übers Kreuz fassen). Die Kinder auf dem Kreise bleiben stehen und klatschen, während die Springer tanzen.

2. Jedes Kind holt einen Reifen. Durch den Raum gehen und den Reifen tragen. Auf Zuruf anders tragen.

3. Ein Kind ist der Fuhrmann, eines das Pferd. Jeder Fuhrmann schirrt mit zwei Reifen sein Pferd. Das muß bei jedem Pferd anders aussehen: Traben und Galoppieren. Auf „Halt!" das Pferd anders schirren *(Abb. 154).*

4. Das Pferd hält die zwei Reifen in Hüfthöhe. Es ist blind und wird vom Fuhrmann durch die Halle geführt.

5. Wie 4., aber der Fuhrmann ist blind.

6. Der Fuhrmann schlägt mit einem Schlaghölzchen den Rhythmus auf den Reifen, den das Pferd gehen soll.

II.

Nun holen „Fuhrmänner und Pferde" das Geräte-Pferd aus dem Geräteraum. Eventuell müssen Bänke zum Aufsteigen davor stehen, dahinter Matten.

1. Je zwei Kinder überwinden über den Reitsitz das Pferd. Lauf um Malstab.

2. Reitsitz, Aufstehen und Niedersprung *(Abb. 155).*

3. Aus dem Querstand Niedersprung seitwärts.

4. Reitsitz mit Griff an den Pauschen: Sich aufschwingen in den Hockstand, Vierteldrehung und Niedersprung *(Abb. 156).*

5. Bäuchlings über das Pferd legen: Bein- und Armheben. Gute Körperspannung!

6. Wie 5., dann sich vor- und hinuntergleiten lassen, die Hände greifen auf den Boden und laufen vor, Sprung auf die Füße *(Abb. 157).* Beim Hinuntergleiten Hilfe geben durch Halten an den Fesseln.

7. Wie 6., aber nicht vorwärts gehen auf den Händen, sondern Purzelbaum vorwärts. Ganz leise abrollen und einen zweiten Purzelbaum auf der Matte anschließen.

8. Aufsteigen, Seitsitz und Niedersprung.

Abb. 154

Abb. 155

Den Barren umlegen

Lernziele

Die Kinder werden mit diesem Großgerät vertraut und erleben es umgelegt.

1. Mit dem Tamburin oder Musik laufen sie um alle Barren und zwischen den Holmengassen durch in vielen Varianten. Die Leiterin benennt die Barrenteile: Boden, Träger, Holm.

2. Nun versuchen die Leiterin und etwa zehn Kinder, den Barren langsam umzulegen (leise) und wieder aufzustellen. Ein paarmal *(Abb. 158)*. Die übrigen Kinder holen Bänke und stellen sie schräg an die umgelegten Barren.

Abb. 156

Abb. 157

Abb. 158

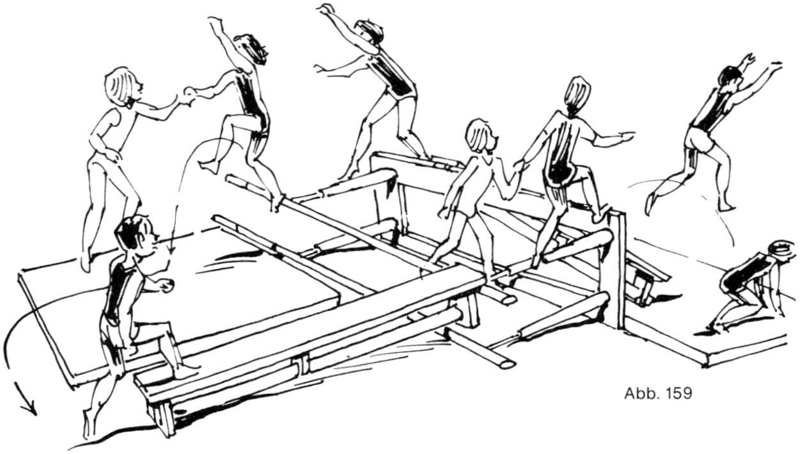

Abb. 159

Abb. 162

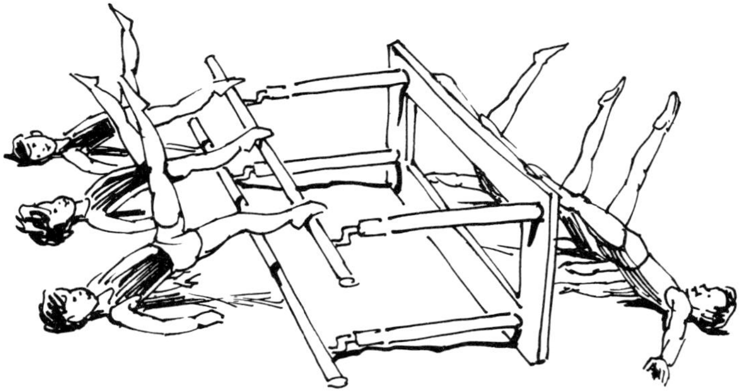

Abb. 160

Abb. 161

3. Ihr dürft überall an den Barren auf- und absteigen oder euch anders bewegen und um entfernte Malstäbe laufen *(Abb. 159).*

4. Balanciert über den Holm. Ein Kind begleitet mit Handfassung. Dann über die Bänke.

5. Unten ins „Barrenhäuschen“ hineinschlüpfen und oben auf beliebige Art wieder hinaus.

6. Unten hineinkriechen, über den Holm hinaus mit Hockwende.

7. Hockwenden vorwärts über den Holm und über die Bänke.

8. In Rückenlage außerhalb des Barrens mit aufgelegten Füßen auf Holm und Träger: Schulterbrücke. Könnt ihr bei der Schulterbrücke noch ein Bein hochheben *(Abb. 160)?*

9. Bauchlage, Füße auf dem Holm: Arme strecken in den Liegestütz und seitwärts gehen bis ans Holmende. Die Bänke unterkriechen.

10. Mit Abstand zum Barren: Zielwürfe ins Barrenhäuschen und weitere Ballarbeit an den Bänken *(Abb. 161).* Welche Gruppe hat zuerst 30 Treffer?

Abb. 163

Wir sind am Seil

Lernziel

Die Kinder versuchen sich an anspruchsvollen Geschicklichkeiten mit dem Schwung- und Springseil.

I.

1. Einige Kinder sind gut verteilt und kauern am Boden. Die anderen überspringen sie. Wenn die Tamburinbegleitung ins Piano und Ritardando übergeht, löst jeder Läufer ein kauerndes Kind ab.

2. Langsitz: Die Beine in einem hohen Bogen seitgrätschen und zurückführen.

3. Langsitz: Knie anziehen, Kopf darauflegen und wieder gerade sitzen.

4. Fersensitz: Links und rechts neben die Fersen auf den Boden senken im Wechsel mit Bauchlage.

5. Acht Hopserhüpfer zum Schlußhupf. Könnt ihr das? Hört gut auf die Begleitung!

6. Seitlage: Den Körper seitlich zusammenrollen und wieder ausstrecken.

7. „Rösslisprünge" (Pferdchensprünge) im Wechsel mit Gehen. Sucht eigene Raumwege. Nicht hintereinander gehen!

II.

Am Schwungseil:

1. Das Seil wird leicht hin- und hergeschwungen. Über das pendelnde Seil laufen. Wann muß man starten? Könnt ihr so starten, daß ihr bei jedem Schwung lauft?

2. Über das pendelnde Seil springen, umkehren und gleich wieder zurücklaufen zu Paaren.

3. Das Seil wird kreisförmig geschwungen: Auf den Zuruf „Komm!" läuft ein Kind unten durch. Auf „Kommt doch!" („Chömed!") laufen zwei mit Handfassung. Auf „Wir kommen!" („Mir chömed") laufen drei mit Handfassung. Auf „Wir kommen jetzt!" („Mir chömed jetzt") laufen vier mit Handfassung *(Abb. 162).*

Die Kinder laufen erst nach dem letzten Wort. Die Sätze werden rhythmisch mit den Seilschwüngen gesprochen.

4. In das schwingende Seil laufen, einmal hüpfen und weiterlaufen.

5. Wer kann hineinspringen, einmal hüpfen und auf die gleiche Seite hinaus?

Die Aufgaben 4. und 5. eignen sich besser für eine Vierergruppe mit einem Sprungseil.

6. Die Hälfte der Kinder macht eine Sprungseilgasse. Die Seile werden regelmäßig miteinander geschwungen. Wer kann unter allen kreisenden Seilen durchlaufen? Wer kann es, ohne den Lauf anzuhalten *(Abb. 163)?*

7. Jedes Kind bekommt ein Sprungseil. Wir üben noch Kunststücke (für ältere Kinder):

- In der Hocke seilspringen.
- Mit gekreuzten Armen seilspringen.
- Doppelter Durchschlag auf einen Sprung. Wer kann das?

Beim Seilspringen immer leise mit federnden Füßen!

8. Zum Schluß Seilspringen um die Halle. Wer kann das Seil mit gestreckten Armen im großen Bogen schwingen?

Abb. 164

Abb. 165

Abb. 166

Partnerarbeit an einem Stuhl

Geräte: Leichte Stühle und Hocker.

1. A und B tragen gemeinsam einen Stuhl. Auf Zuruf versuchen sie, den Stuhl auf eine andere Art zu tragen *(Abb. 164)*.

2. A legt und stellt den Stuhl verschieden hin, B überspringt ihn *(Abb. 165)*.

3. A macht Liegestütz, die Füße auf dem Stuhl. Er beugt und streckt die Arme. Wenn A beugt, wird er von B übersprungen *(Abb. 166)*.

4. A bildet zusammen mit dem Stuhl verschiedene Brücken, B kriecht durch *(Abb. 167)*.

5. A und B mit Handfassung, gemeinsames Wechselhüpfen am Stuhl. Versucht, während des Wechselhüpfens rund um den Stuhl zu hüpfen *(Abb. 168)*.

6. Gemeinsam schnell einen Stuhl ein Stück weit wegtragen, abstellen und einen anderen Stuhl wegtragen. Welches Paar hat zuerst zehn Stühle getragen?

7. Gemeinsam auf einen Stuhl steigen. Helft einander! Versucht, mit viel Balance euch auf dem Stuhl zu bewegen! Versucht gemeinsam abzuspringen.

Abb. 167

Abb. 168

Abb. 169

Abb. 170

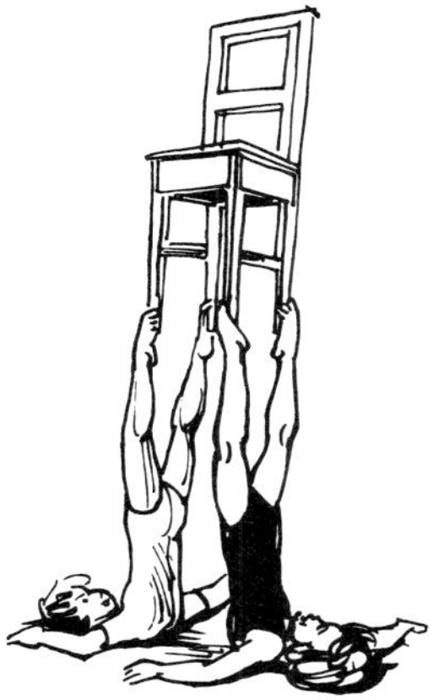

Abb. 171

Abb. 172

Abb. 173

8. A und B laufen um den Stuhl. Wer kann sich auf Zuruf schnell hinsetzen?

9. A und B stehen je mit einem Fuß auf der Sitzfläche, mit dem anderen auf der Lehne. Versucht, den Stuhl leicht zu kippen. Vorsicht, Sicherheitsstellung *(Abb. 169)!*

10. A und B in Rückenlage nebeneinander: A übergibt einen leichten Hocker mit den Füßen an B *(Abb. 170).*

11. Gemeinsam in der Rückenlage den Stuhl mit den Füßen hochheben. Könnt ihr euch bis in die Kerze strecken? Hilfeleistung *(Abb. 171).*

Abb. 174

Abb. 175

12. A und B sitzen gemeinsam auf dem Stuhl. Könnt ihr den Sitz wechseln, ohne hinunterzufallen? Helft einander!

13. A und B Seitstand vor und hinter dem Stuhl: Beinschwung über die Lehne bzw. über die Sitzfläche. Auf Zuruf Platzwechsel *(Abb. 172).*

14. A hebt den Stuhl über den Kopf und übergibt ihn B. Während ihn B über den Kopf hebt, läuft A auf die andere Seite von B. Fortgesetzt *(Abb. 173).*

15. A Bauchlage quer über den Stuhl: Rumpfheben. B hält die Fersen von A.

16. A und B bilden mit Handfassung Tore. Sie laufen zwischen allen Stühlen durch *(Abb. 174).*

17. Mit einer fröhlichen Musik machen A und B einen „Stuhltanz“. Sie halten im Tanzen den Stuhl gemeinsam oder übergeben ihn auf spontane Art *(Abb. 175).*

Bewegungsanregungen mit einer Plastiktüte

Jedes Kind hat zwei Plastiktüten (55 cm lang).

Die Kinder bewegen sich frei auf eine fröhliche Musik.

Abb. 176

Abb. 177

Abb. 178

Mit der Plastiktüte „Luft schöpfen" und sie von Zeit zu Zeit in den Raum hinausflattern lassen *(Abb. 176).*

Durcheinanderlaufen und die Plastiktüte über dem Kopf mitschweben lassen *(Abb. 177).*

Die Plastiktüte auf verschiedene Körperteile legen und durch die Halle laufen oder vorsichtig gehen, je nachdem, wo die Tüte aufliegt.

Zwei Kinder klemmen zwei Plastiktüten zwischen zwei verschiedene Körperteile und versuchen, sich so fortzubewegen.

Die Kinder versuchen, die Plastiktüte nur mit „Körperecken" in der Luft zu halten *(Abb. 178).*

Versucht mit der Tüte mindestens zehn verschiedene Geräusche zu machen. Jedes Kind führt ein anderes Geräusch vor.

A erzeugt ein Geräusch, B bewegt sich danach.

Gruppe A bewegt sich mit der Tüte, Gruppe B macht dazu ohne Tüte eine Gegenbewegung: Leicht – schwer, kurz – lang, rund – eckig usw.

Kleingruppen verkleiden sich mit Tüten und stellen sich den anderen vor.

Jedes Kind stülpt sich eine Tüte über die Arme, zwei Kinder spielen sich so einen Ball zu *(Abb. 179).*

Reihen bilden, der Ball wird auf der Tüte um ein Mal getragen und dem nächsten in der Reihe übergeben.

Der Ball ist in der Tüte, die mit Schnur zugebunden ist: A kreist die Tüte, B versucht darüber zu springen.

Reihe A kommt mit Tüte an Schnur wie oben. Der erste der Reihe läuft um ein Mal. Bei einer bestimmten Marke angekommen, darf der erste der Reihe B starten und versuchen, die Tüte noch zu erwischen *(Abb. 180).*

„Tütentanz": Welche Gruppe erfindet den originellsten *(Abb. 181)?*

Der zerlegte Kasten

Lernziel

Die Kinder arbeiten zu viert. Die Arbeit in den frei zusammengestellten Gruppen soll ihnen die Stunde zum Erlebnis werden lassen.

Die Kastenteile sind in der ganzen Halle verstreut ausgelegt.

1. Je vier Kinder stehen in einem Kastenteil. Auf Zuruf eines Kindes „Hauswechsel" suchen alle ein anderes „Haus". Sind wieder vier Kinder beieinander?

Abb. 179

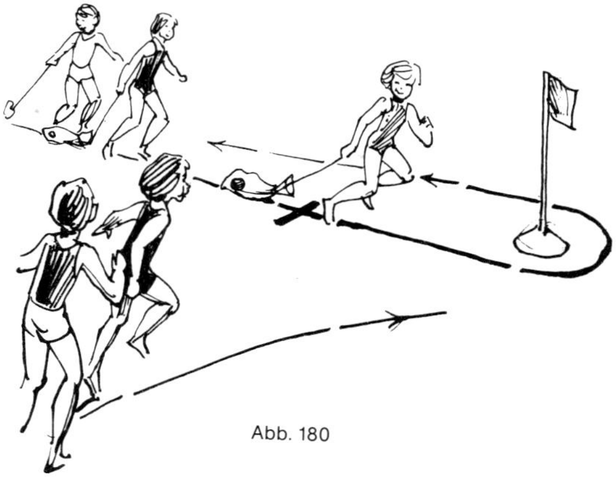

Abb. 180

Abb. 181

2. Um das Haus herumgehen und -laufen. Ein Bein geht im Haus, das andere außerhalb. Könnt ihr die Richtung wechseln, ohne miteinander zu sprechen?

3. Eines der vier Kinder ist Fänger. Die anderen laufen und hüpfen um das Haus. In der Not darf man sich ins Haus retten. Dort wird man nicht abgeschlagen.

4. Die vier Kinder stehen hintereinander im Kastenteil und heben ihn hoch. Dann fahren wir los:

„Ri, ra, rutsch,
wir fahren in der Kutsch,
in der Kutsche fahren wir,
auf dem Esel reiten wir, ri, ra, rutsch,
wir fahren in der Kutsch."

Auf das letzte Wort „Kutsch" ist der Kastenteil am Boden, und wir laufen in eine neue Kutsche *(Abb. 182).*

Abb. 182

5. Zwei der vier Kinder stellen sich an die Wand und schauen zu. Die anderen kuscheln sich in einen Kastenteil. Die Leiterin zählt bis zehn. Die Zuschauer drehen sich um und rufen die Namen ihrer zwei Partner, wenn sie etwas (Kopf, Kleider) von ihnen sehen. Diese lösen die Zuschauer ab.

6. Die Kastenteile zum Teil hochkant aufstellen. Die Kinder laufen durch die Tore *(Abb. 183).*

Abb. 183

Abb. 184

7. Jeder Kastenteil kann jetzt verschieden auf-, hin- und zusammengestellt werden. Sucht zu viert lustige Wege über die Hindernisse.

8. Um den Bewegungsanreiz zu vergrößern, darf jede Vierergruppe noch ein Gerät aus dem Geräteraum holen. Zuerst beraten, dann holen.

Freies Bewegen in der Vierergruppe. Probiert auch schwierige Sachen aus und helft einander!

Spiel „Obstdieb“:

Abb. 186

Abb. 185

Großer Innenstirnkreis (= Baumgarten). In der Mitte steht ein Korb mit Äpfeln (z. B. Hohlball). Der Obstdieb außerhalb des Kreises schaut zu, während der Leiter einen (evtl. auch zwei) Kreisspieler als Flurwächter bezeichnet. Auf ein Zeichen dringt der Obstdieb an einer beliebigen Stelle (Tor) in den Obstgarten ein und stiehlt den Apfelkorb. Sobald er diesen berührt, versucht der Flurwächter, ihn zu fangen. Der Dieb flieht mit dem Korb durch das gleiche Tor, durch das er eingetreten ist. Gelingt es ihm, den Baumgarten unabgeschlagen zu verlassen, so hat er gewonnen, anderenfalls ist der Flurwächter der Sieger.

Das spannende und lustige Spiel wird in wiederholten Durchgängen durch Finten und geschicktes taktisches Verhalten mannigfach belebt.

Kinder arbeiten mit Zeitungen

Papierball

Papierball formen, aufwerfen, klatschen, fangen im Gehen und Laufen.

Ball schnell um Beine, Bauch, Kopf kreisen lassen.

Balancieren mit dem Ball auf dem Kopf, auf dem Fuß.

Seitgestreckte Arme; Ball über den Kopf in die andere Hand werfen.

Abb. 187

Abb. 188

A Kauerstellung, nimmt den Ball hinter den Rücken. B steht vor ihm: A schleudert „den Ball“ über den Rücken B zu, B fängt auf, Wechsel *(Abb. 184).*

Gruppenspiel, Reaktionsübung

Kreis, ein Kind mit Papierball in der Mitte, die anderen mit Rücken gegen den Kreis: Wenn das Kind in der Mitte ruft, drehen sich die anderen, und gleichzeitig fliegt der Ball einem Kind zu. Wer kann ihn fangen *(Abb. 185)?*

Wettkampf

Grätschstellung hintereinander: Papierball wird über den Kopf gereicht, der letzte kriecht mit dem Ball zwischen den Beinen durch und stellt sich vorn hin usw. *(Abb. 186).*

Slalom

Keulen werden in kleineren Abständen aufgestellt, Kinder hintereinander: Papierball in Slalom zwischen den Keulen durchrollen. Sorgfalt! Keine Keule soll verschoben werden *(Abb. 187).*

Zielwürfe

Zeitung mit einem Loch in der Mitte. Das größte Kind steht vor der Reihe und hält die Zeitung: Jeder versucht seinen Ball durch das Loch zu werfen. Nach jedem Durchgang werden die Treffer gezählt *(Abb. 188).*

Klassenübung

Jedes Kind breitet seine Zeitung irgendwo auf dem Platz aus. Die Kinder laufen zwischen durch. Auf Zuruf kehren sie zu ihrer Zeitung zurück. Anschließend legen wir die Zeitungen zu einer „Straße“ aus: Im Grätschlauf und Slalom über die Straße gehen, laufen, hüpfen.

Maskenspiel

Eine Gruppe sitzt im Schneidersitz auf einer Seite. Diese Kinder reißen in die Zeitung zwei Augenhöhlen heraus und verstecken sich dahinter. Die anderen Kinder müssen erraten, wer sich dahinter verbirgt *(Abb. 189).*

Abb. 189

Abb. 190

Abb. 191

Fechten

Je zwei Kinder falten Papier zu einem Streifen (= „Degen“). Diese zwei Kinder kämpfen gegeneinander. Wer erwischt das andere, ohne selber berührt zu werden *(Abb. 190)?*

Papiertüte

Aus dem Papier eine Tüte formen. A hält die Tüte und B versucht Papierbälle hineinzuwerfen *(Abb. 191).*

Blumenstrauß

Tüte in Blumenstrauß umwandeln und zur Musik einen „Blumenstrauß-Tanz“ erfinden *(Abb. 192).*

Abb. 192

Partnerkampf

Eine Zeitung auslegen, zwei Kinder stellen sich darauf, sie geben einander die Hände und versuchen, einander von der Zeitung zu drängen.

Solotänze

In Kleingruppen sich mit Zeitungen verkleiden und den anderen einen Tanz vorführen: Clowntanz, Bauerntanz, Tiertanz u. a. m.

Waldleben

Lernziele

1. Die Kinder erleben den Wald mit seinen vielen Spielmöglichkeiten.

2. In einem Stationstraining konditionieren sie sich.

Sofern es die Verhältnisse gestatten, kann der Weg ins Gelände und vom Gelände für spielerische Bewegungsformen genutzt werden.

1. Die Kinder gehen in der Zweierkolonne (Zweierreihe). Auf Zuruf läuft das hinterste Paar rechts und links von der Reihe vor.

Abb. 193

Abb. 194

2. Die Kinder bilden durch Handfassung Tore. Wenn die hintersten „Auf!" rufen, heben sich die Tore und das Paar läuft mit Handfassung vor *(Abb. 193).*

3. Die Kinder balancieren auf Steinmäuerchen, die am Weg sind.

4. Lauf ein Wiesenbord hinauf und hinunter. Nur wenn es abgemäht ist *(Abb. 194).*

5. Jedes Kind sucht einen Stecken. Ihn vor- und rückwärts übersteigen.

6. Je zwei Kinder halten zwei Steckenende in Kniehöhe. Zwei andere überspringen den „Graben".

7. Wie 6.; die Gräben überspringen, die höhergehaltenen Stecken unterkriechen.

8. A dreht sich langsam mit dem kniehoch gehaltenen Stecken, B überspringt ihn.

9. Regatta: Mehrere „Mannschaften" zu je fünf Kindern. Pro Mannschaft zwei lange Stecken. Die Mannschaften stehen mit dem Rücken gegen die „Fahrtrichtung", jedes hält mit den Händen die beiden Stangen. Der Steuermann steht am Ende der Reihe und blickt in „Fahrtrichtung". Nach dem Start lenkt der Steuermann, indem er „rechts" oder „links" ruft. Welches Boot überquert zuerst die Ziellinie *(Abb. 195)?*

Verstecken: Leiter und Kinder stehen beieinander. Der Leiter schließt die Augen und zählt bis zehn. In dieser Zeit dürfen sich die Kinder verstecken. Wer vom Leiter noch gesehen wird – er muß an Ort und Stelle bleiben –, wird gerufen und kommt zum Startplatz.

Auf einen Pfiff versammeln sich alle wieder auf dem Startplatz. Die Gesehenen werden „Zuschauer" und zählen bis zehn.

Diese Art von Versteckspiel hat den Vorteil, daß sich die Kinder nur in der Nähe des Leiters verstecken können, und er so die Übersicht über die Gruppe behält.

Stationstraining in übersichtlichem Waldgebiet. Je 1–2 Minuten an einer Station.

Abb. 195

Abb. 196

Abb. 197

Beispiele

1. Tannenzapfen von einem Ort (Kübel) in einen anderen tragen.

2. Unter einer zwischen zwei Bäumen gespannten Schnur durchkriechen und um einen bezeichneten Baum laufen.

3. Tannenzapfen in einen aufgehängten Kübel werfen.

4. Über Stecken, Äste, Steine (= „Stolperstrecke") laufen.

Abb. 198

5. Mit einem Stecken eine an einem Baum aufgehängte Glocke läuten, dann einen kleinen Slalom laufen.

6. Auf einem Rundholz von einer Linie zu einer zweiten (kurze Strecke) „walzen".

7. Auf dem Rückweg kleine Strecken laufen, hopserhüpfen, traben.

8. Zwei Kinder tragen ein kleines Stück weit ein drittes.

Der Malstab ist nicht nur ein Malstab

Der Malstab dient meistens zur Abgrenzung des Raumes. Die folgenden Übungen sind Anregungen, ihn auch einmal anders einzusetzen.

1. Jedes Kind holt einen Malstab, lädt ihn auf die Schulter. Im Paar spielen wir das Lied: „Wide, wide, witt, ein Mann ist kommen . . ."

2. Je zwei Kinder laufen zwischen den Malstäben durch. Hört die Musikbegleitung auf, legen sie ihre beiden Malstäbe zusammen verschieden auf den Boden.

3. Ein Kind bildet mit zwei Malstäben und seinem Körper verschiedene Tunnel, das andere kriecht durch *(Abb. 196)*.

4. Ein Kind läuft auf zwei Malstäben Stelzen. Das zweite läuft als Hund im Vierfüßler daneben.

Abb. 199

Abb. 200

5. Die Malstäbe werden nur so weit auseinandergestellt, daß die Kinder, ohne den Boden zu berühren, mit ihnen gehen können *(Abb. 197).*

6. A zieht im Laufen einen Malstab am Boden nach, B versucht, den Malstab mit einem Ball zu treffen.

7. Einige Kinder im Strecksitz nebeneinander: Miteinander rudern, dabei vorwärts rutschen. Auch als Wettkampf von einer Linie zur anderen.

8. Ein Bein auf einem Malstabboden: Hinkgang.

Auch Haschespiel im Hinkgang. Die Fänger tragen ein Spielabzeichen in der Hand, das sie nach dem Fang weitergeben.

9. A im Strecksitz oder in Bauchlage hält zwei Malstäbe: B und C spielen Pferde und ziehen A an den Stäben durch die Halle *(Abb. 198).*

10. „Steckenpferd": Welches ist das schnellste *(Abb. 199)?*

11. Die Kinder stehen verteilt im Raum bei je einem Malstab. Auf den Ruf: „Vogel, flieg aus!" wechseln alle die Plätze.

12. Der Malstab wird schräg gehalten. Sprünge in verschiedenen Variationen *(Abb. 200).*

13. Der Boden des Malstabes bleibt immer am gleichen Ort. Versucht euch am Stab haltend vielfältig zu bewegen im Stand, im Sitz *(Abb. 201).*

14. Abfahrtsrennen: Je vier bis sechs Kinder in der Hocke mit zwei Malstäben.

Wer ist zuerst auf der Gegenseite? Genügend Auslauf!

15. Kreis mit Malstäben. Die Kinder sind zu vieren abgezählt. Wenn die Lehrerin eine Nummer ruft, laufen die Aufgerufenen eine Runde oder zwei Runden um den Kreis. Wer kann dann zuerst seinen Malstab in die Höhe strecken?

Abb. 201

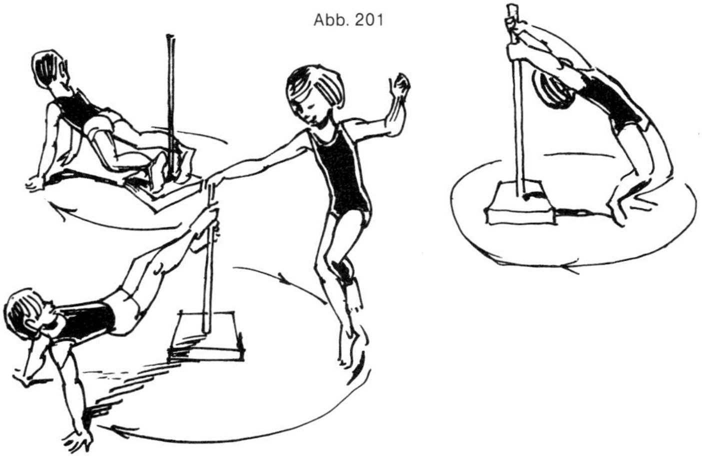

Abb. 202

Abb. 203

Abb. 204

Nasses Stundenbeispiel

Ziel der Stunde: Neben intensiver Arbeit sollen die Kinder an einem heißen Sommertag viel Spaß erleben.

Jedes Kind bringt ein Plastikbecken und einen Vollgummiball mit. Die Becken werden mit Wasser gefüllt und auf dem Rasen verteilt. Die Kinder tragen Badehosen.

1. Mit akustischer Begleitung (Tamburin) zwischen den Becken laufen und galoppieren *(Abb. 202).* Sobald die Begleitung aufhört, läuft jedes Kind zu seinem Becken. „Wer ist schnell dort?" Beim Becken angekommen, schnell die Hände eintauchen.

2. Wie 1., aber beim nächststehenden Becken anhalten und jetzt das Gesicht, die Arme und Beine waschen. Dann wieder laufen und hüpfen. Mehrmals.

3. Laufen um sein Becken, auf Zuruf Richtungswechsel.

4. Das Becken sorgfältig aufheben und an einen trockenen Ort tragen *(Abb. 203).* Seitgrätschsitz, das Becken zwischen den Beinen: Beine über dem Becken schließen und Rückbewegung.

5. Große Sprünge über das eigene Becken und über das des Nachbarn *(Abb. 204).*

6. Aus jedem Becken schnell zwei Hände voll Wasser nehmen und in einem anderen Becken ausleeren. „Wer hat die Übung am schnellsten 20mal gemacht?"

7. Auf allen vieren zwischen den Becken laufen und da und dort einen Fuß eintauchen *(Abb. 205).*

8. Ein Becken nach dem anderen aufheben und an einen anderen Ort stellen. „Wer kann es so, daß er kein Wasser verschüttet?"

9. Die Becken werden in Reihen aufgestellt, die Kinder dahinter in Reihen: Grätschlauf über die Beckenreihen. „Erfindet auch andere Laufarten, auch zu Paaren."

10. Die Kinder stellen sich in einiger Entfernung auf und versuchen, in Gruppenarbeit mit Vollgummibällen die Becken zu treffen. „Welche Gruppe hat in einer bestimmten Zeit am meisten Treffer *(Abb. 206)?"*

11. Je fünf Kinder bilden eine Gruppe mit Abstand zu einem Becken. Auf Zuruf läuft das erste Kind um das Becken, auf zweiten Zuruf versucht das zweite Kind das erste einzuholen usw.

12. Aufstellung wie bei 11. Das erste Kind läuft zum Becken, holt eine Hand voll Wasser, läuft an den Platz und spritzt damit das nächste Kind an. Das ist das Startzeichen für das zweite Kind. „Welche Gruppe ist zuerst?"

13. „Wasserschlacht". Man darf nur mit einer Hand Wasser schöpfen und damit den Nachbarn anspritzen *(Abb. 207).*

14. Die leeren Becken über den Rasen rollen und überspringen (= Schluß der nassen Stunde, viel Vergnügen!).

Abb. 205

Abb. 206

Zusammenarbeit an den Kletterstangen

Das Gerätturnen mit großen Klassen stellt die Lehrkräfte immer wieder vor das Problem: „Wie nütze ich die Geräte und die Zeit optimal aus?"

In den meisten Turnhallen stehen acht Stangen zur Verfügung. In den folgenden Anregungen nehmen wir an, daß die Teilnehmer etwa aus 30 Kindern bestehen.

Die Kletterstangen sind schräg gestellt, auf beiden Seiten liegen Matten. Die Gefahr des Wegrollens ist dabei ausgeschaltet. Die Kinder sitzen zu Beginn in vier Reihen vor den Stangen. Jede Gruppe hat einen Namen, z. B. nach den Farben der Sportbekleidungen oder A, B, C, D. In der Halle ist ein „Parcours" mit Malstäben aufgestellt als Wander- oder Laufweg.

1. Üben des Antretens und Weglaufens: Reihe A läuft als Reihe hinter dem Klettergerüst durch und stellt sich hinter Reihe D auf. Sobald Reihe A weggelaufen ist, folgt Reihe B usw. Zwei bis drei Durchgänge.

2. Die Reihen laufen zwischen den Stangen durch, dann einen freigewählten Weg durch die Malstabtore, so daß sie ohne Wartezeit hinter der bereits laufenden Reihe D die zweite Runde anfangen können, dritte Runde usw.

3. Wieder Lauf durch die Stangen, aber jeder sucht mit den Füßen einen gleichmäßigen Rhythmus und achtet darauf, die Stangen nicht zu berühren. Lauft durch die Tore wie bei 2.

Während in den folgenden Übungen A und B am Klettergerüst üben, sind C und D auf dem Laufweg und umgekehrt. Beim zweiten Antreten zur selben Übung werden die Rollen vertauscht.

4. Die Reihe A ist im Hocksitz hinter den Stangen, die B ebenso vor den Stangen. Beide klettern nur mit den Händen die Stangen hinauf bis zur vollständigen Streckung und hinunter. Kleine „Handschritte"! Beide Gruppen gehen nach intensivem Üben auf den Lauf, C und D kommen an die

Abb. 207

Abb. 208

Abb. 209

Stange. A und B sitzen nach dem Lauf sofort wieder an den Stangen, keine Wartezeit *(Abb. 208).*

5. Wie 4., aber B versucht die Hände der A zu packen. Wie Haschespiel! Sehr lebhaft arbeiten. Beim nächsten Durchgang werden die Rollen getauscht *(Abb. 209).*

6. Wie 4., aber beim Hinaufklettern in den Stand kommen. Alle 16 Übenden arbeiten in einem vorgegebenen Rhythmus. Viele Male, so daß der „Wanderweg" eine Erholung wird.

7. Die Kinder B knien hinter den vor den Stangen liegenden Matten, Hände am Mattenrand. Sieben A fassen je zwei Stangen. Sie laufen vorwärts in den Standhang bis ans Ende der Matten, berühren dort mit den Zehenspitzen die aufgelegten Hände von B und kommen zur Streckung des Körpers. Gemeinsamer Rhythmus *(Abb. 210).*

8. Wie 7., aber die Kinder B versuchen, die Füße von A zu schnappen. Neckisch arbeiten *(Abb. 211).*

Abb. 210

Abb. 211

Abb. 212

Abb. 213

9. Kinder B stehen hinter A. A im Stand fassen schulterhoch zwei Stangen, laufen vor in den Standhang, ziehen die Beine an und schwingen im Beugehang zurück. B fassen A an den Oberschenkeln, heben diese am Ende des Rückschwunges noch etwas hoch in den Stand *(Abb. 212).*

10. Kinder B stehen hinter A. Sprung in den Hang an zwei Stangen. B halten A in der Taille und unterstützen den Sprung. Viele Male. Weich tiefspringen *(Abb. 213)!*

11. Kinder C sind im Knieliegestütz zwischen zwei Stangen, A springen an zwei Stangen hoch, unterstützt von B, und berühren mit den Zehenspitzen den Rücken ihres C *(Abb. 214).* Auch mit Musikbegleitung (D ist unterwegs).

12. Aufstellung wie 11., aber A tanzt mit den Zehenspitzen ganz fein auf den Unterschenkeln, dem Rücken, dem Kopf von C. Musik!

13. Kinder B stehen hinter A, C sitzen im Hocksitz auf der Querverbindung der Stangen. Blick gegen A. Die A springen, unterstützt von B, an zwei Stangen hoch und machen „radfahren". Auf Zuruf stellen A ihre Füße auf die Knie von C, dann wieder radfahren, wieder ausruhen, Kinder D sind unterwegs.

14. A springt in den Kletterschluß, unterstützt von B, C hält die Fußsohlen von A. Nach einiger Zeit lassen B und C die Fassung los. Welcher von A kann sich am längsten festhalten?

15. Wie 14., aber B und C unterstützen das Klettern von A. Beim Hinunterkommen darauf achten, daß die Hände abwärts „übersetzen", nicht rutschen.

16. Reihe A springt an jeder Stange hoch zum Beugehang. Reihe B schließt an usw. Mit Musik.

17. Jede Vierergruppe hat eine Stange. Sie bewegt sich nach Musik gemeinsam mit Körperkontakt an der Stange (Impro-

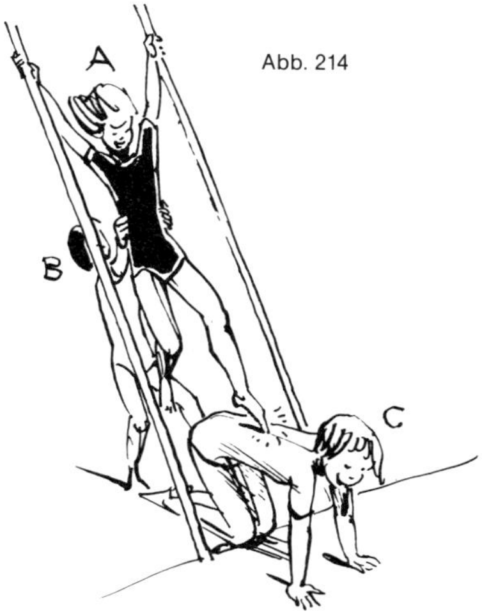

Abb. 214

Abb. 215

Abb. 216

visation) oder in der Halle. Im freien Wechsel, je nach Lust und Platz. Gut die Absichten der Gruppenmitglieder spüren *(Abb. 215).* Mit Musik.

Mit der leeren Plastikflasche aus Mutters Küche

Neben den üblichen Handgeräten Ball, Seil, Reifen usw. bieten Gegenstände wie Flaschen, Taschentücher, Autopneus u. a. großen Bewegungsanreiz für die Kinder der Grundschule. Das Material wird gesammelt, eventuell bemalt, und schon lassen sich ungezählte Übungen aus dem Gebiet der Körperschule damit ausführen.

Die folgenden Übungen sind eine kleine Stoffsammlung und sollen zu weiterem Ausprobieren anspornen.

1. Die Kinder gehen im Slalom um die Flaschen *(Abb. 216).*

2. Andere Variationen:

- Die Kinder gehen rückwärts,
- hüpfen oder
- springen.

3. Das vorderste Kind zeigt ähnliche Übungen vor. Die anderen ahmen nach.

4. Die Kinder rollen die Flasche auf ein Ziel (z. B. gegenüberliegende Wand). Am Ziel angekommen, stellen sie die Flasche auf eine Linie. Auch als Wettkampf.

5. Ein Tennisball wird auf den Flaschenhals gelegt. Die Kinder versuchen, die Flasche mit dem Ball aufzuheben und vorwärts zu gehen *(Abb. 217).*

Abb. 217

Abb. 218

Abb. 219

Abb. 220

Abb. 221

6. Die Kinder versuchen die Bälle von den am Boden stehenden Flaschen wegzuheben und sie auf andere Flaschenhälse zu legen (Feinmotorik).

7. Die Kinder gehen nach verschiedenen Rhythmen. Auf Zuruf der Leiterin werfen sie die Flaschen hoch.

8. Die Kinder gehen auf allen „vieren" und haben die Flasche auf dem Rücken. Die Flasche darf beim Gehen nicht hinunterfallen *(Abb. 218).*

9. Aus einiger Entfernung (verschiedene Abstände) werfen die Kinder kleine Reifen über die Flaschenhälse. Auch als Wettkampf *(Abb. 219).*

10. Die Kinder rollen die Flaschen auf Zuruf mit den Füßen und Händen in alle Raumrichtungen. Sie überspringen noch die rollende Flasche *(Abb. 220).* Anschließend versuchen sie, die Flasche auf verschiedenen Körperteilen zu balancieren.

11. Die Flaschen werden auf Langbänke gestellt und von den Kindern überstiegen und übersprungen *(Abb. 221).*

Auch zwei oder drei Flaschen dicht nebeneinanderstellen. Welche Gruppe kann die Bank mit den Flaschen durch den Raum tragen?

12. Wurfwettkampf: Wer trifft mit seinem Ball die meisten Flaschen in drei Minuten?

13. Zwei Kinder rollen gemeinsam zwei Flaschen. Die Flaschen müssen dabei Hals an Hals bleiben *(Abb. 222).*

14. Die Kinder laufen, die Flasche in einer Hand tragend. Begegnen sich die Kinder im Raum, sagen sie sich mit den Flaschenhälsen „Grüß Gott" *(Abb. 223).*

15. Kleingruppen bauen mit ihren Flaschen einen Turm. Welche Gruppe kann den Turm überspringen *(Abb. 224)?*

Abb. 222

Abb. 223

Abb. 224

Abb. 225

16. Die Kinder einer Fünfergruppe reichen sich im Sitz mit den Füßen ihre Flaschen weiter.

17. Eine Fünfergruppe bildet mit ihren Flaschen ein Muster und legt oder stellt sich selber nachher so hin, wie die Flaschen *(Abb. 225).*

Je ein Kind verändert das Flaschenmuster wieder.

18. Kreisaufstellung: Zwei Flaschen werden herumgereicht. Welche Flasche holt die andere ein? Den geraden Zahlen gehört die rote, den ungeraden die blaue Flasche.

19. Bauchlage hintereinander. Die Flaschen werden unter dem Körper durchgerollt zum nächsten Kind. Das hinterste Kind läuft vor.

Die Flaschen auch im Stand über den Kopf oder unter den gegrätschten Beinen durchreichen.

Abb. 227

Abb. 226

20. Flaschentanz: In der Mitte des Raumes befinden sich alle Flaschen (Anzahl der Kinder je ein Stück). Die Kinder hüpfen, tanzen, springen nach einem Rhythmus *(Abb. 226).* Hört er auf, versucht jedes Kind eine Flasche zu erhaschen. Jenes Kind, das keine Flasche erreicht hat, scheidet aus und nimmt eine Flasche mit.

Gruppenarbeit an den Ringen

Es arbeiten drei Schüler zusammen.

1. Schräger Hangstand zu dritt an einem Ringepaar: Arme beugen und strecken.

2. Hangstand zu dritt, der mittlere Schüler steht in Gegenrichtung: Rechtes und linkes Bein strecken *(Abb. 227).*

3. Zu dritt an einem Ringepaar: Miteinander im Hangstand vor- und rückwärts gehen *(Abb. 227).*

Abb. 228

Abb. 229

Abb. 230

4. Wie 3., aber der mittlere Schüler steht in Gegenrichtung.

5. Wie 4., aber jeder Schüler läuft vorwärts und zurück in den Stand.

6. Zu dritt im Hangstand: Laufendes Vorschieben in die Überstreckung und Rückbewegung *(Abb. 228).*

7. Zwei Schüler halten sich an je einem Ring. Im Sitz werden ihre Beine übersprungen, im Hangstand kriecht der dritte unten durch *(Abb. 229).*

8. Zwei Schüler sind im Hangstand, der dritte im Stand in beiden Ringen: Während die unteren Klimmzüge machen, beugt und streckt sich der obere.

9. Ausgangsstellung wie bei 8., die unteren bewegen sich vor- und rückwärts.

10. Zwei Schüler stehen je in einem Ring. Ein Schüler im Hangstand geht vor- und rückwärts.

11. Der mittlere Schüler steht im Hangstand in Gegenrichtung. Zu dritt laufen sie einen Kreis *(Abb. 230).*

12. Gleiche Ausgangsstellung. Sie laufen mehrere Kreise auf die gleiche Seite, so daß sich das Seil zudreht. Dann im Hang, Beine gebeugt, aufdrehen lassen *(Abb. 230).*

13. Ein Schüler steht in den Ringen, zwei sind im Hangstand: Diese gehen seitwärts auseinander. Der stehende grätscht und schließt die Beine *(Abb. 231).*

14. Ein Schüler steht im Hangstand und spannt seinen Körper. Die beiden anderen halten ihn an den Fersen und heben ihn in die Horizontale *(Abb. 232).*

15. Vier Schüler arbeiten zusammen. Zwei Schüler sind im Hangstand, die anderen halten ihre Fersen wie bei 14. und laufen einen Halbkreis nach außen *(Abb. 233).*

Abb. 231

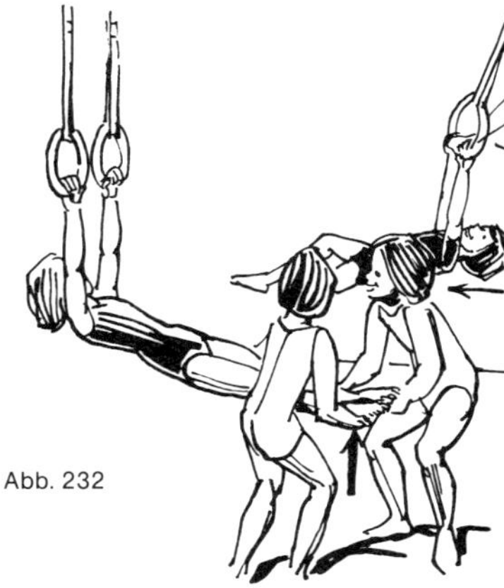

Abb. 232

Abb. 233

Abb. 234

Abb. 235

16. Ausgangsstellung wie bei 15., aber die Hängenden werden vorwärts gezogen.

17. Bauchlage unter den Ringen. Welche vier Schüler stehen zuerst in einem Ringepaar *(Abb. 234)*?

Der Ballon in der Kinderstunde

Der Ballon eignet sich ausgezeichnet für das Turnen mit Kindern. Er regt zu vielseitigen Bewegungen an, fördert die Gewandtheit und Geschicklichkeit und kann in der Partner- und Gruppenarbeit das soziale Verhalten der Kinder beeinflussen. Die Kinder lieben dieses Handgerät wegen seiner Farbigkeit und Leichtigkeit. Wir beobachten immer wieder, daß sich die Kinder ohne Aufgabenstellung lange Zeit selbständig mit dem Ballon intensiv bewegen. In der Grundschule kicken z. B. die Kinder die Ballons ohne weiteres 10–15 Minuten und kommen so auf spielerische Weise zu einem Ausdauertraining.

Achtung! Die Ballons nicht übergroß aufpumpen; die Kinder erschrecken, wenn welche während der Arbeit platzen.

1. Die Kinder bewegen sich frei mit dem Ballon.

2. Lauft mit dem Ballon. Laßt ihn auf Zuruf wegfliegen und nehmt einen anderen auf.

3. Haltet den Ballon in der Luft durch Stöße mit der Handinnenfläche, mit den Fäusten *(Abb. 235)*.

4. Prellt den Ballon auf den Boden, rechts und links im Wechsel, auch mit beiden Händen *(Abb. 235)*. Könnt ihr es auch im Laufen?

Abb. 236

Abb. 237

Abb. 238

Abb. 239

5. Der Ballon liegt auf dem Boden. Probiert ihn mit dem Fuß in die Hand zu spielen.

6. Wer kann den Ballon mit beiden Händen fassen, ihn auf das Knie schweben lassen, mit dem Knie in die Hände hochstoßen?

7. Versucht die Übung 6. zu Paaren! A kickt mit dem Knie, B fängt, dann Wechsel *(Abb. 236)*. Versucht es auch mit zwei Ballons.

8. Alle Ballons liegen am Boden. Wer hat zuerst 20 mit dem Fuß gekickt? Zählt laut! Wer fertig ist, setzt sich.

9. Die Kinder sind im Knieliegestütz hinter einer Linie. Versucht, den Ballon bis zur nächsten Linie zu blasen (nicht zu große Strecke, *Abb. 237)*.

10. Versucht die Aufgabe 9. mit dem Kopf zu lösen! Wer kommt schnell auf der zweiten Linie an *(Abb. 238)*?

11. Wir werfen den Ballon gegen eine Wand. Macht eine Vorschrittstellung.

12. Wer kann den Ballon gegen die Wand „boxen", abwechselnd mit der rechten und linken Faust, ohne ihn zu fangen? Zählt, wie oft ihr es könnt *(Abb. 239)*.

13. In der Seitgrätschstellung werfen wir den Ballon unter den Beinen durch, drehen uns und fangen ihn, wenn er noch in der Luft ist *(Abb. 240)*.

14. Könnt ihr den Ballon unter einem Bein durchwerfen und fangen?

15. Zwei Kinder halten den Ballon mit ihren Köpfen fest. Welches Paar läuft am schnellsten zur nächsten Linie? Mehrere Wiederholungen *(Abb. 241)*.

16. Versucht im Sitz den Ballon mit den Füßen in der Luft zu halten.

Abb. 240

Abb. 241

Abb. 242

Abb. 243

17. Haltet zu dreien einen Ballon in der Luft, aber nur mit einem Finger arbeiten. Versucht es mit drei Ballons. Sechs Kinder versuchen es mit sechs Ballons. Keiner darf auf den Boden *(Abb. 242)!*

18. Wer kann seinen Ballon in der Luft halten, indem er ihn einmal mit der Hand, dem Knie, dem Kopf stößt? Wer kann diese Reihenfolge einhalten?

19. Versucht den Ballon mit dem Fuß weit zu kicken, dann nachlaufen, wieder kicken, 10–15 Minuten.

20. Wir befestigen den Ballon an einem Springseil. Wer kann so laufen, daß er in der Luft schwebt?

21. Reihen bilden zu viert, in einigem Abstand einen Malstab aufstellen. Das vorderste Kind hat vier Seile mit je einem Ballon, läuft um den Malstab, übergibt dem nächsten usw. Nicht als Staffel in der Grundschule. Nur als schnelle Läufe und mit viel „Hopp, hopp!" *(Abb. 243).*

22. Ein Kind bewegt das Seil mit Ballon am Ort, ein zweites versucht den Ballon zu fangen. Gelingt ihm dies, löst es ab.

23. Die Seile mit Ballon werden zu mehreren an der Sprossenwand verteilt, evtl. nach Farben geordnet, befestigt: Die Kinder versuchen, die „Ballonsträuße" mit kleinen Softbällen zu treffen *(Abb. 244).*

Abb. 244

Abb. 245

Abb. 246

Abb. 247

Verbessern der Feinmotorik in der Grundstufe

Material: Jedes Kind hat zwei bis drei Plastikbecher evtl. bunt angemalt mit Farbe. Bewegungen mit diesem leicht zerbrechlichen Material fördern die Feinmotorik und sind deshalb für die Kinder wertvoll. Nicht das fertigkeitsorientierte Bewegungslernen, sondern das Sammeln von Bewegungserfahrungen stehen im Vordergrund. Schwerpunkt der Arbeit liegt auch im sozialen Lernen, im Lösen von gemeinsamen Bewegungsaufgaben.

Abb. 248

1. Gruppe A und B haben je eine Hallenhälfte. Die Gruppe A legt die Becher für B aus und umgekehrt.

Bei welcher Gruppe sieht das lustiger aus?

Dann gehen und laufen die Kinder zwischen den Bechern durch.

„Jetzt lauft ihr in eurem Garten! – Jetzt im fremden . . .“

Könnt ihr auf Zuruf wechseln ohne aneinanderzustoßen?

2. Vier bis sechs Kinder geben sich die Hand und gehen mit dem Becher auf dem Kopf vorwärts. Welche Gruppe kann am längsten gehen, ohne einen Becher zu verlieren *(Abb. 245)?*

3. Jedes Kind trägt den Becher auf verschiedenen Körperteilen. Wer kann gehen oder sich bewegen mit zwei oder drei Bechern auf verschiedenen Körperteilen *(Abb. 246)?*

4. Wir bilden einen Kreis und halten in jeder Hand einen Becher, der in Kontakt zu den Bechern der Nachbarn ist. Versucht mit Musikbegleitung im Kreis zu gehen, ohne den Kontakt zu verlieren *(Abb. 247).* Wenn die Begleitung leise abklingt, senkt ihr euch gemeinsam in den Fersensitz und richtet euch wieder in den Stand auf. Alle Kinder sind in der Bewegung immer gleich weit, also nicht voraus oder hintennach.

Schaut gut auf alle Kreisstehenden!

5. Schöpft mit dem Becher Wasser in der ganzen Turnhalle und leert es über euren Körper. Bewegt euch instinktiv *(Abb. 248).*

Abb. 249

Abb. 250

Abb. 251

6. Stellt zwei Becher aufeinander und werft den oberen so weg, daß ihr ihn mit dem unteren auffangen könnt! Wer kann es 20mal *(Abb. 249)?*

7. Könnt ihr einen Becher nur halb auf den anderen stellen und euch noch dazu bewegen?

8. Kleingruppen: Versucht, mit zwei Bechern folgende Rhythmen zu schlagen *(siehe Notenbild):*

Könnt ihr in der Gruppe schlagen und dazu noch gehen oder euch am Ort bewegen?

9. Jedes Kind faßt mit der rechten Hand drei Becher von oben, läßt sie ca. 10 cm über dem Boden fallen und sammelt sie mit der linken Hand ein.

10. Jetzt werden die Becher auf dem Boden geschoben, aber so, daß sie nicht umpurzeln. Versucht sie zu zweit zu schieben und geht ihnen im Vierfüßler nach. Wer trifft einmal einen Becher eines Kameraden *(Abb. 250)?*

11. Alle Becher sind in der Halle gleichmäßig verteilt. Ein Kind führt zwei Blinde zwischen den Bechern durch. Sucht eine Lösung, wie das am sichersten geht!

12. Welches Kind kann zwei Becher so rollen, daß beide in Bewegung sind?

13. Gruppen A und B haben gleich viele Becher. Welche Gruppe hat zuerst alle Becher an einen bestimmten Ort getragen? Immer nur einen Becher mitnehmen. Und welche Gruppe sitzt dann noch schnell in einem Kreis mit Handfassung?

14. Zum Schluß machen wir noch einen kleinen Boxkampf. Über jede Hand wird ein Becher gestülpt. Wer trifft den

Abb. 252

Becher des Kameraden und kann gleichzeitig geschickt ausweichen? Nur fein „schlagen". Wechsel. Nach kurzer Zeit wird das Spiel mit einem anderen Partner probiert *(Abb. 251)*.

Das Gummiringlein und der Barren

Lernziele

1. Das Gummiringlein verspricht eine fröhliche Atmosphäre.
2. Am Barren wird der Mut erprobt.

I.

1. Kreis. Jedes Kind faßt zwei Gummiringlein: Gehen, Laufen und Hüpfen.
2. Den Kreis durch Vorwärts- und Rückwärtsgehen vergrößern und verkleinern.
3. Zu Paaren Strecksitz gegeneinander. Jedes faßt zwei Ringlein: A rollt in Rückenlage, B macht Rumpfvorbeugen und gegengleich.
4. Das Ringlein drehen und überspringen.
5. Dreht alle miteinander. Zählt wie viele tanzende Ringlein ihr überspringen könnt.
6. Wir tragen das Ringlein auf dem Kopf. Könnt ihr gehen, absitzen, abliegen und aufstehen, ohne es zu verlieren?
7. Wir schlüpfen mit einem Fuß in ein Ringlein, das wir in einer Hand halten: Rundherum hüpfen.
8. Knieliegestütz: Vorwärts gehen, das Ringlein ist auf dem Rücken.
9. A Knieliegestütz, das Ringlein um einen Fuß: Vorwärts gehen. B zieht am Ringlein nach hinten und erschwert A das Vorwärtskommen *(Abb. 252)*.
10. A macht mit seinem Körper verschiedene Brücken. B und C rollen ein Ringlein unten durch *(Abb. 252)*.
11. A ist in Bauchlage, in jeder Hand ein Ringlein. B und C ziehen ihn, an den Ringlein fassend.
12. Alle stehen auf einer Linie. Auf „Los!" werden die Ringlein in die Halle gerollt, auf „Holen!" es wieder an den Startplatz tragen.

II.

Am Barren:

1. In Variationen um die Barren laufen.
2. Wir fassen die Holme von außen und gehen oder laufen mit den Füßen auf dem Barrenboden rund um die Barren.
3. Auf die Barrenholme klettern (evtl. Bänke oder Kästen zum Aufsteigen) und über die Holme kriechen. Am Ende der Holme sitzen und auf die Matte niederspringen. Lauft um einen Malstab!
4. Geht auf verschiedene Arten über die Holme! Findet immer neue Variationen *(Abb. 253)*!

Abb. 253

Abb. 254

Abb. 255

5. Wir klettern von der Seite über beide Holme. Wie kommt ihr am leichtesten darüber *(Abb. 254)?*

6. Wir stellen die Bank/Bänke an die Holme: Steigen, Rutschen, Kriechen, aber nirgends warten.

Die Zauberschnur

Lernziele

1. Die Kinder lernen an der Zauberschnur miteinander im Kreis bewegen.

2. Im zweiten Teil trainieren sie Weitsprünge. Die Freude am Springen ist wichtig, nicht die gemessene Leistung! (Keine Meterstäbe und Stoppuhren für die Kinder!)

I.

1. Zwei bis drei Zauberschnüre zusammenknoten. Die Kinder fassen mit einer Hand. Die Schnur ist gespannt. Im Kreis gehen. Das Gehen verändern: Schnell, langsam, Ballengang, Kauergang, Galoppsprünge.

2. Seitgrätschstellung, beide Hände fassen die Schnur. Im gleichen Tempo die Schnur hin- und herschwingen. Auch Kreisbewegungen machen, große und kleine Bewegungen. Rhythmisch sprechen: „Und Schwung, Schwung, Kreisherum!"

3. Die Kinder stehen in einem Außenstirnkreis, die Schnüre um den Bauch. Alle gehen nach außen; wenn die Schnur stark gespannt ist, drehen sie sich, halten die Schnur und laufen – die Schnur um den Rücken – mit schnellen Schritten in die Kreismitte.

4. Kreis. Die Schnur in die Hochhalte führen, dann in die Hockstellung senken. Auch mit halben Drehungen, wenn die Schnur in der Hochhalte ist.

5. Strecksitz: Die Beine anziehen und über die Schnur strecken, dann die Schnur unter dem Gesäß durch über den Kopf ziehen. Könnt ihr es so, daß alle gleich weit sind?

6. Strecksitz. Die Schnur mit den Füßen fassen: Rückrollen, bis die Füße den Boden hinter die Schnur berühren und zurück *(Abb. 255).*

7. Im Vorwärtsgehen fortgesetzt unter der Schnur durchtauchen. Auch im Laufen.

8. Die Hälfte der Kinder sitzt am „Rundseil". Die anderen überspringen es mit Spreizsprüngen, bis sie wieder am Platz sind. „Schritt, Schritt, Sprung . . ." Wer kann das *(Abb. 256)?*

9. Versucht in jeder Schnurlücke ein Rad zu schlagen.

10. Die Hälfte der Kinder ist im Schnurkreis. Auf „Los!" versuchen sie, aus dem „Fischernetz" auszubrechen und zur Leiterin zu kommen. Die Kreisstehenden versuchen, dies durch Sperren zu verhindern.

11. Katze-und-Maus-Spiel: Dabei wird den Katzen (zwei bis drei) der Weg erschwert durch Sperren mit dem Seil.

II.

1. Wer kann über den durch zwei tiefgehaltene, gleichlaufende Zauberschnüre gebildeten Bach springen und schön weich auf der Matte landen? Bachbreite langsam steigern *(Abb. 257)!*

Abb. 256

Wir versuchen immer größere Sprünge. Wer kommt an der breitesten Stelle darüber *(Abb. 257)?* Erfindet auch lustige Sprünge.

2. Spiel Plumpsack (auch „Es geht ein böses Ding herum"). Innenstirnkreis: Der „Plumpsack" geht oder läuft um den Kreis und läßt leise ein Spielband hinter einem Kreisspieler fallen. Dieser Spieler nimmt, sobald er das merkt, das Band auf und verfolgt den „Plumpsack" um den Kreis herum, um ihn abzuschlagen. Der „Plumpsack" versucht, sich in die Kreislücke zu flüchten. Der Verlierer ist beim nächsten Spielgang „Plumpsack".

Spiel mit vielen regionalen Variationen (Singspielformen); vor allem in mehreren Kreisen und mit verschiedenen Laufarten durchführen.

Sich erfreuen im Spiel

1. „Hundehütten" im Doppelkreis:

Der Außenkreis zählt 2–3 Spieler mehr. Die beiden Kreise bewegen sich in vorgeschriebener Gangart und in entgegengesetzter Richtung rundum. Auf ein Zeichen bilden die Spieler des Innenkreises durch Einnehmen der Grätschstellung Hundehütten. Die Spieler des Außenkreises schlüpfen hinein. Wer keine Hütte findet, läuft nochmals im Außenkreis mit, der beim nächsten Gang vom bisherigen Innenkreis gebildet wird *(Abb. 258).*

Abb. 257

Abb. 258

Abb. 259

Abb. 260

2. Meine Tauben fliegen aus / Mini Tube flügid us:

Fänger A an der Wand in der Hallenmitte ruft seinen Tauben zu: „Meine Tauben fliegen aus“ / „Mini Tube flügid us“. Das Wörtchen „aus“ / „us“ ist das Startzeichen für die Tauben A, die in ihr Freimal A und wieder zurück in ihren Taubenschlag fliegen müssen. Auf das gleiche Startzeichen löst sich der Fänger B von der Wand und versucht, möglichst viele Tauben abzuschlagen, die dann in seinem Freimal B gefangen bleiben.

Die Tauben dürfen im ganzen Mittelfeld frei herumfliegen, jedoch nur durch die bezeichneten Tore in ihr Freimal oder ihren Taubenschlag gelangen. In der Folge läßt der Fänger B seine Tauben fliegen und der Fänger A versucht, sie abzufangen. Das Spiel ist beendet, wenn alle Tauben einer Abteilung gefangen sind und beide Gruppen gleich viele Flugversuche hatten. Es kann auch unentschieden ausgehen. Zur Einführung wird nur ein Flug bis ins Freimal durchgeführt und hierauf die Abteilung gewechselt.

3. Ballkrieg ohne Wurfvorschriften:

Das Spielfeld von mindestens Hallengröße ist durch eine Mittellinie in zwei Hälften geteilt. In jeder Platzhälfte befindet sich eine Spielpartei. Zu Beginn hat jedes Kind einen beliebigen Ball. Auf ein Zeichen wirft es den Ball und in der Folge alle in seiner Feldhälfte erhaschten Bälle möglichst weit ins gegnerische Feld. Auf den Ruf „Stopp“ darf nicht mehr geworfen werden. Die Bälle werden in jeder Platzhälfte zusammengetragen und gezählt. Die Partei mit den meisten Bällen hat verloren. Die Einhaltung des Stoppzeichens stellt hohe Anforderungen an die Kinder und ist absolut zu fordern.

Auch mit verschiedenen Bällen spielen *(Abb. 259)*.

4. Sitzball mit „Leben“:

Jedes Kind hat 3–5 „Leben“. Es muß erst absitzen, wenn alle „Leben“ verloren sind. Das sitzende Kind kann sich erlösen, wenn es einen rollenden Ball erwischt. Auch in zwei Feldern spielen.

5. Ein Lieblingsspiel der Kinder.

Abb. 261

Springseil – Seilspringen

Lernziele

1. Im ersten Teil kräftigen die Kinder ihre Rumpfmuskulatur.

2. Im zweiten Teil wird vor allem der Kreislauf angeregt.

3. Im dritten Teil üben sich die Kinder im selbständigen Tun in der Kleingruppe.

I.

1. Jedes Kind hat ein Springseil. Versucht mit dem Seil durch die Halle zu springen. Vielleicht können einige schon abwechselnd mit dem Springseil springen auf Kreislinien und auf Geraden.

2. Das Seil vierfach zusammenlegen und vor sich halten. Im Sitz abwechselnd linkes und rechtes Bein durchstrecken.

3. Wie 2., aber beide Beine zusammen. Könnt ihr das, ohne das Seil zu berühren?

4. Wer kann es ein paarmal, ohne das Seil und den Boden zu berühren? Zählt!

5. Grätschsitz, beide Seilenden in einer Hand: Mit der Seilschlinge einen großen Kreis um sich ziehen *(Abb. 260)*.

Abb. 262

Könnt ihr nach jedem Kreisschwung eure Körperstellung verändern, ohne den Schwung zu unterbrechen?

6. Wie 5., aber im Stand. Die Seilschleife muß immer auf dem Boden bleiben. Beugt euch gut in alle Richtungen. Könnt ihr es auch im Gehen *(Abb. 260)?*

7. Aus dem Fersensitz das vierfache Seil in die Hochhalte führen und sich in den Kniestand ziehen lassen. Dann Zurückfallen in den Fersensitz.

8. Aus dem Fersensitz links und rechts neben die Füße auf den Boden setzen. Könnt ihr das Seil gespannt halten?

9. Strecksitz, Seil gespannt über dem Kopf halten: Sich hinlegen und aufrichten, das Seil bleibt gespannt. Ein Helfer drückt die Füße auf den Boden. Dann geht es besser *(Abb. 261)*.

10. Grätschsitz: Das Seil in einem hohen, weiten Bogen vor den einen Fuß legen, auf die Oberschenkel klatschen, dann das Seil wieder holen und vor den anderen Fuß legen. Laßt die Knie am Boden. Könnt ihr auf den Oberschenkeln einen Rhythmus klatschen?

11. Wir üben nochmals:

- In der Hocke mit dem Seil springen,
- mit gekreuzten Armen,
- mit doppeltem Durchschlag.

II.

1. Wer füllt den Topf? Vier Gruppen. Jeder hat einen Topf (Reifen) in einer Ecke der Turnhalle. Die Seile liegen verstreut herum. Auf „Los“ holt jede Gruppe so viele Seile als möglich in ihren Topf, aber nur mit den Füßen. Welche Gruppe bringt am meisten Seile in ihren Topf?

2. Die Kinder stehen in kleinen Reihen (Kolonnen). „Sackhüpfen“ über eine kurze Strecke. Zurücklaufen und dem nächsten das Seil übergeben.

3. In einiger Entfernung liegt ein Springseil, ein Kind nach dem anderen läuft vor, führt zweimal Seilspringen aus, läuft zurück und überspringt das vorderste Kind der Reihe (Kolonne), das in Bauchlage auf der Startlinie liegt. Sobald es übersprungen ist, kann es laufen. Welche Gruppe hat schnell 20 Läufe? Evtl. differenzierte Abstände zum Seil *(Abb. 262)*.

4. Auf dem Hinweg zum Malstab führen je zwei Kinder dreimal Seilspringen aus, auf dem Rückweg tragen sie das Seil

und übergeben es dem nächsten Paar. Welches Paar ist jeweils zuerst?

Vierergruppen: Sie beraten und gestalten selber miteinander ihre Arbeit bis zum Schluß der Stunde.

Das Karussell und die Hindernisse

Lernziele

1. Durch das Karussell-Lied sollen die Kinder fröhlich auf die Turnstunde eingestimmt werden.

2. An den verschiedenen Großgeräten üben sie bereits Bekanntes und erproben Neues mit dem Partner.

*

1. Die Turnstunde beginnt mit dem Singspiel „Kinder, Kinder ..."

Karusselltanz

Zwei gleich große Abteilungen. Die eine Hälfte geht im Kreis, den ersten Teil des Liedes singend. Die übrigen verteilen sich um den Kreis und gehen in entgegengesetzter Richtung. Bei „nun lauft schnell" sucht sich jedes einen Mitschüler aus dem Kreis, dem es die Hände auf die Schultern legt. Im 2. Teil machen alle Galopphüpfen im Kreis, seitwärts; bei der Wiederholung in umgekehrter Richtung *(Abb. 263).*

Abb. 263

2. Leiterin und Kinder beraten, welche Geräte sie aufstellen wollen, um möglichst vieles an ihnen turnen zu können. Wenn es möglich ist, beraten die Kinder in Kleingruppen, wie sie die Geräte anordnen wollen, und wie die Matten gelegt werden.

Beispiele:

- Barrenkombination umgelegt und stehend.
- Ringe.
- Reck.
- Taue.
- Sprossenwand ausgeschwenkt.
- Stangen.
- Bänke.
- Kästen.
- Malstäbe.

3. Freies Turnen an allen Geräten.

4. Arbeit im Paar. Macht schwierigere Übungen, bei denen ihr eine Hilfe braucht.

5. Nun versucht die ganze Gruppe einen „Weg" zu finden, so daß fließend geturnt werden kann.

Abb. 264

Mit Softball und Kartontellerchen (Campingteller)

1. Jedes Kind legt Ball und Teller auf irgendeine Art auf den Boden. Die Kinder gehen und laufen zwischendurch. Sobald ein bezeichnetes Kind ein Glockenzeichen gegeben hat, laufen die Kinder zu ihrem Material zurück und legen es anders aus.

2. Zwei oder mehr Kinder legen das Material originell auf den Boden. Alle laufen wie oben zwischendurch. Auf Zuruf bilden die Paare oder Gruppen Kreise um ihr Material und hüpfen drum herum. Auf ein Zeichen wird das Material wieder anders ausgelegt. Dann wieder laufen und hüpfen *(Abb. 264).*

3. Jedes Kind wirft den Ball mit dem Teller hoch und fängt ihn wieder auf. „Haltet den Teller mit einer Hand! Mit beiden Händen!"

„Wer kann den Ball immer fangen?"

4. „Könnt ihr den Ball mit dem Teller prellen? Haltet den Teller wieder mit einer Hand, mit beiden Händen! Dreht den Teller fortgesetzt nach oben und unten! Probiert dazu zu hüpfen!"

5. „Laßt den Ball auf den Boden rollen und fangt ihn nach einer Bodenberührung wieder auf! Lauft so durch die ganze Halle!"

Abb. 265

6. „Werft den Ball einander zu, aus dem Teller in den Teller! Versucht es auch in der Fortbewegung: vor-, rück-, seitwärts!" *(Abb. 265).*

7. „Könnt ihr den Ball auch mit dem Teller an die Wand werfen und ihn damit fangen? Beginnt mit kleinem Abstand!"

Abb. 266

8. „Der Ball soll im Teller rollen. Versucht dabei eure Stellungen ständig zu verändern: Ballenstand, Sitz, Bauch-, Rückenlage usw.!"

9. „Werft den Ball aus dem Teller hoch, köpfelt und fangt ihn wieder mit dem Teller!" *(Abb. 266).*

10. „Sucht andere Kombinationen, z. B. Teller – Kick – Teller; Teller – Kniestoß – Teller!" *(Abb. 266)*

11. „Werft den Ball hoch und weit, lauft ihm nach und fangt ihn mit dem Teller." Auch im Paar: A wirft, B fängt *(Abb. 267).*

Abb. 268

Abb. 267

12. „Klemmt den Ball zwischen die Füße, springt mit ihm hoch und fangt den aufgeworfenen Ball mit dem Teller!"

13. Im Paar: Die Bälle einander mit dem Teller zurollen. „Macht es neckisch, in alle Raumrichtungen!" *(Abb. 268)*

14. „Wer kann den Ball aus dem Teller unter dem Bein durchwerfen und wieder fangen?"

15. A wirft den Ball mit Schlagwurf (Zielwurf) zu B. B wehrt ihn mit dem Teller ab *(Abb. 269).*

Abb. 269

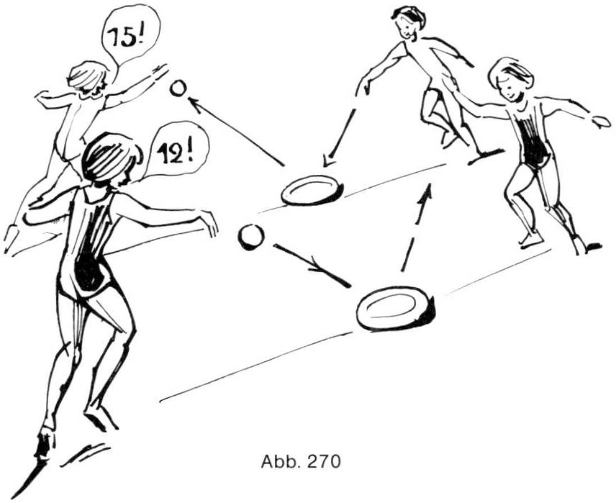

Abb. 270

Abb. 271

16. A und B stehen sich gegenüber, zwischen ihnen liegt ein Teller am Boden. Der Ball soll im Zuprellen den Tellerboden treffen. Kleiner Wettkampf zwischen zwei Paaren. Welches Paar hat zuerst 20 Treffer *(Abb. 270)?*

17. A und B machen mit ihren Tellern ein Tor und versuchen den Ball durchzurollen. Wettkampf.

18. A und B stehen sich gegenüber, A wirft B seinen Ball, B wirft A gleichzeitig seinen Teller zu.

19. „Rollt im Wechsel einmal den Ball, einmal den Teller auf dem Boden! Beobachtet die beiden Geräte!"

20. Reihen zu vier bis fünf Kindern, das vorderste hat einen Teller mit drei Bällen: Es läuft um einen entfernten Malstab und leert dann die Bälle in den Teller des nächsten. Welche Reihe hat zuerst 30 Läufe. Laut zählen.

21. Dreiergruppen mit einem Teller. „Frisbee-Spiel" frei in der Halle.

Mit den Kindern im Schnee (1. Folge)

Für diese Stunde nehmen die Kinder einen Schlitten mit. Sie tragen Mütze, Handschuhe und Stiefel.

Wir führen die Übungen in der Ebene durch. Am Versammlungsort, günstig in Waldnähe, schmücken je vier Kinder ihre Schlitten mit Ästen usw. Welche Gruppe hat das originellste Gefährt? Nun werden „Pferde" oder „Hunde" vor die Schlitten gespannt, und los geht es zum Übungsplatz. Für die Schlittenfahrt den Kindern evtl. auch kleine Glocken geben.

Schlittenturnen

1. Grätschlauf über eine Schlittenreihe *(Abb. 271).*

2. Hinkgang. „Wechselt mit dem Bein ab!"

3. Jedes Kind versucht, sein Bein über den hochgestellten Schlitten zu schwingen *(Abb. 272).*

Abb. 272

Abb. 273

Abb. 274

4. Kniestandwaage auf dem Schlitten *(Abb. 273).*

5. Im Paar: Einander vom Schlitten stoßen oder schieben *(Abb. 274).*

6. Hockwenden über alle Schlitten *(Abb. 275).*

7. Den Schlitten über den Kopf auf die andere Seite stellen *(Abb. 275).*

8. Im Reitsitz Schrägrumpfbeugen über das gestreckte Bein.

9. Im Reitsitz Rumpfdrehbeugen und versuchen, die Schlittensprossen zu berühren.

10. „Reiterkampf": Zwei Schlitten nebeneinanderstellen, auf jedem steht ein Kind, das versucht, mit der ausgestreckten Hand (Lanze) das andere vom Schlitten (Pferd) hinunterzustoßen. Wer gewinnt das Turnier *(Abb. 276)?*

11. Laufsprünge über die Schlitten. Wer kann über zwei nebeneinandergestellte Schlitten springen *(Abb. 277)?*

12. Zwei Schüler schwingen einen Schlitten seitwärts hin und her.

13. Wer wagt einen Grätschsprung über den aufgestellten Schlitten *(Abb. 278)?*

Abb. 275

Abb. 276

Abb. 277

Abb. 278

Staffeln

1. Schüler A fährt über 30 bis 100 m, zieht den Schlitten oder schiebt ihn zurück, übergibt ihn dem B usw. bis zum letzten. Höchstens fünf Kinder in einer Riege!

2. Dasselbe, aber mit einem Fuß fortgesetzt abstoßend *(Abb. 279).*

3. A zieht B zur Linie (ca. 50 m), B zieht A zurück.

4. Dasselbe, aber statt ziehen, den Partner schieben.

5. A und B sitzen auf dem Schlitten, C und D ziehen und schieben. Welches Gefährt ist zuerst zurück? An Stelle eines Malstabes, der umfahren wird, einen Schlitten aufstellen *(Abb. 280).*

6. Pendelstaffel: Der Schlitten wird entweder gezogen oder geschoben.

Abschluß

Schneeballschlacht. Zuerst Spielregeln festlegen!

Welche Gruppe baut in einer Viertelstunde den originellsten Schneemann? Diese Gruppe darf ein Schneespiel vorschlagen.

Fast alle Hallenspiele lassen sich auch im Schnee durchführen.

Abb. 279

Abb. 280

Abb. 281

Abb. 282

Abb. 283

Mit den Kindern im Schnee (2. Folge)

Die Kinder sollen Schlitten und Schnee intensiv erleben.

Der Übungsplatz wird mit Fähnlein abgegrenzt.

1. Die Kinder sitzen auf ihren Schlitten, verteilt auf dem Übungsplatz: „Platzwechsel!" Bei jedem Wechsel eine andere Stellung auf dem Schlitten einnehmen.

2. A vor B hinter dem Schlitten fassen den Schlitten mit beiden Händen und schwingen ihn seitlich hin und her. Auch mit Nachstellschritten. Eventuell sitzt ein dritter Schüler auf dem Schlitten *(Abb. 281).*

3. Schlitten senkrecht mit dem Hinterteil fest in den Schnee gestellt: Standwaage vor dem Schlitten, mit den Händen stützen *(Abb. 282).*

4. Grätschstellung vor dem Schlitten, Hände fassen am Schlittenkopf, Oberkörper waagerecht vorgeneigt: Lockeres Rumpfwippen, Arme nicht beugen.

5. Ausgangsstellung wie bei 4.: Linke Hand läßt den Griff los und schwingt vorn durch mit kräftigem Rumpfdrehschwingen rechts. Unter dem rechten Arm senkrecht hochschauen *(Abb. 283).*

6. Lauft um alle Schlitten. Wer hat zuerst jeden berührt und sitzt wieder auf seinem Platz *(Abb. 284)?*

7. Grätschstellung, der Schlitten ist zwischen den Beinen: Zweimal hüpfen, Sprung auf den Schlitten und wieder zurück in die Grätschstellung. Auch mit halben Drehungen.

Abb. 284

Abb. 285

Abb. 286

Abb. 287

Abb. 288

8. Eine Mütze auf einen Schlitten aufstellen. Wer trifft sie? Abstand angepaßt.

9. Eine Gruppe fährt und bewirft die andere in der Fahrt mit Schneebällen *(Abb. 285)*. Abfahrt und Aufstieg im Gelände genau bezeichnen. Fähnlein stecken.

10. Ein Schüler fährt in raschem Tempo vorbei. Kopf und Hände durch ein Brettchen verdeckt. Wer von den ca. 20 danebenstehenden Schülern trifft die „fahrende Scheibe"? Weiche Bälle!

11. Im Fahren „Eier" (Schneebälle) in das „Nest" (Schneemulde) legen *(Abb. 286)*.

12. Schüler in gleich starke Gruppen einteilen. Jede Gruppe mit einem guten Schlitten, Zugschnur stark. Schüler A fährt 30–60 m ab, zieht den Schlitten oder stößt ihn zurück, übergibt ihn B.

13. Auf dem Schlitten stehend balancieren. Sich an der Schnur halten *(Abb. 287)*.

14. Rücklings auf dem Schlitten sitzen.

15. A in Bauchlage, B sitzt auf seinem Rücken. Leicht geneigter Hang mit großem Auslauf!

16. Schlitten mit ca. 2 m Abstand in Reihen aufgestellt: Einzeln im Zickzack durchlaufen und zurück Handschlag.

17. Hühner aus dem Garten jagen": Drei Kinder ohne Mützen sind die Hühnerfrauen. Den Garten (Kreis) mit Schlitten groß machen. Jedes Kind hat drei „Leben". Wer sie verloren hat, löst eine Hühnerfrau ab.

18. Nestlaufen: Aus den Schlitten wird ein großer Kreis gebildet. Jedes Kind sitzt auf seinem Schlitten. Nur eines steht in der Mitte und versucht, seinen leeren Schlitten zu besetzen. Es wird aber daran gehindert, indem die Mitschüler diesen und die nächsten freien Schlitten besetzen. Gelingt es dem Kind in der Mitte, einen freien Schlitten zu besetzen, wird es abgelöst. Es können auch zwei oder drei leere Schlitten im Kreis sein *(Abb. 288)*.

Literaturhinweise

Hans Fischer: Turnen und Sport in der Schule, Band 2. *Martin Ziörjen:* Turnen und Sport in der Schule, Band 9.

Herausgegeben von der Eidgenössischen Turn- und Sportkommission.